MUSIK-INSTRUMENTE

Tuba-
mund-
stück

Horn-
und
Trom-
peten-
mund-
stücke

Sehen • Staunen • Wissen

MUSIK-
INSTRUMENTE

Von den Trommeln der Naturvölker bis zum Synthesizer
Bau, Funktionsweise,
Spielmöglichkeiten

Portugiesische
Tonpfeife

Japanische *Shakuhachi*
(Kerbflöte)

Hölzerne
Maracas

Rassel
nordamerikanischer Indianer

Elfenbeinhorn vom Kongo

Englische
Taschengeige,
18. Jahrhundert

Ägyptische
Elfenbeinklappern,
ca. 1430 v.Chr.

Panflöte von
den Salomon-Inseln

Gerstenberg Verlag

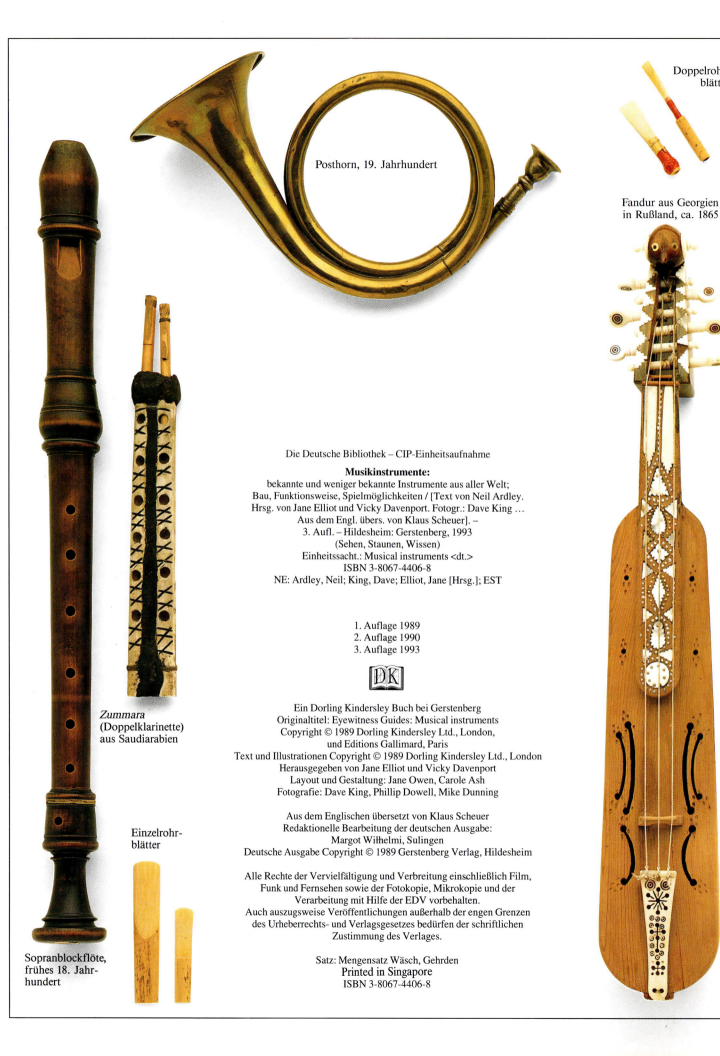

Posthorn, 19. Jahrhundert

Doppelrohrblätter

Fandur aus Georgien in Rußland, ca. 1865

Zummara (Doppelklarinette) aus Saudiarabien

Einzelrohrblätter

Sopranblockflöte, frühes 18. Jahrhundert

Die Deutsche Bibliothek – CIP-Einheitsaufnahme

Musikinstrumente:
bekannte und weniger bekannte Instrumente aus aller Welt;
Bau, Funktionsweise, Spielmöglichkeiten / [Text von Neil Ardley.
Hrsg. von Jane Elliot und Vicky Davenport. Fotogr.: Dave King …
Aus dem Engl. übers. von Klaus Scheuer]. –
3. Aufl. – Hildesheim: Gerstenberg, 1993
(Sehen, Staunen, Wissen)
Einheitssacht.: Musical instruments <dt.>
ISBN 3-8067-4406-8
NE: Ardley, Neil; King, Dave; Elliot, Jane [Hrsg.]; EST

1. Auflage 1989
2. Auflage 1990
3. Auflage 1993

Ein Dorling Kindersley Buch bei Gerstenberg
Originaltitel: Eyewitness Guides: Musical instruments
Copyright © 1989 Dorling Kindersley Ltd., London,
und Editions Gallimard, Paris
Text und Illustrationen Copyright © 1989 Dorling Kindersley Ltd., London
Herausgegeben von Jane Elliot und Vicky Davenport
Layout und Gestaltung: Jane Owen, Carole Ash
Fotografie: Dave King, Phillip Dowell, Mike Dunning

Aus dem Englischen übersetzt von Klaus Scheuer
Redaktionelle Bearbeitung der deutschen Ausgabe:
Margot Wilhelmi, Sulingen
Deutsche Ausgabe Copyright © 1989 Gerstenberg Verlag, Hildesheim

Alle Rechte der Vervielfältigung und Verbreitung einschließlich Film,
Funk und Fernsehen sowie der Fotokopie, Mikrokopie und der
Verarbeitung mit Hilfe der EDV vorbehalten.
Auch auszugsweise Veröffentlichungen außerhalb der engen Grenzen
des Urheberrechts- und Verlagsgesetzes bedürfen der schriftlichen
Zustimmung des Verlages.

Satz: Mengensatz Wäsch, Gehrden
Printed in Singapore
ISBN 3-8067-4406-8

Inhalt

Kastagnetten

Französisches Flageolett, 18. Jahrhundert

Töne werden sichtbar
6
Windkanäle
8
Pfeifen und Flöten
10
Schwingende Schilfrohre
12
Zwischen den Stühlen
14
Musik aus dem Sack
16
Orgelmusik
18
Nicht nur Blech
20
Strahlender Klang
22
Hörner und Tuben
24
Das Ende der Stille
26
Alte Streichinstrumente
28
Die Violinenfamilie
30
Geigenbau
32
Harfen und Leiern
34
Leise Lautenklänge
36

Zartbesaitet
38
Indische Saiteninstrumente
40
Bau einer Gitarre
42
Piano und Forte
44
Musikalische Vielfalt
46
Geschlagene Musik
48
Rituelle Rhythmen
50
Schlagfertig
52
Musik und Geräusch
54
Glockenklare Klänge
56
Elektrisierende Musik
58
Rockgitarren
60
Computermusik
62

Töne werden sichtbar

Die Welt der Musik ist ein Kaleidoskop des Klangs. Die Musikinstrumente erzeugen eine Vielzahl verschiedener Klänge. Eine Flöte etwa klingt völlig anders als eine Trommel. Man muß die Instrumente gar nicht sehen, um sie unterscheiden zu können, man erkennt sie an ihrem Klang. Wird ein Instrument gespielt, so geraten Teile davon in Schwingung. Durch diese Schwingungen werden Schallwellen erzeugt, die sich in der Luft ausbreiten. Die Schallwellen sind Druckschwankungen der Luft. Jedes Instrument erzeugt ganz charakteristische Schallwellen. Man kann sie als geschwungene oder gezackte Linien in einem Klangspektrogramm darstellen (rechts). Jede Wellenform wird durch ein bestimmtes Schwingungsmuster des Instruments erzeugt. Wenn wir Musik hören, treffen die Schallwellen auf unser Trommelfell, und dieses schwingt im gleichen Muster mit. Im Innenohr werden Sinneszellen gereizt, über den Hörnerven gelangt die Information in das Gehirn und wird dort zu einem Sinneseindruck verarbeitet: wir hören und erkennen das Musikinstrument.

STIMMGABEL
Die Zinken schwingen regelmäßig und erzeugen einen reinen Ton mit einer sinusartigen Wellenform. Die Zahl der Schwingungen pro Sekunde (Frequenz) bestimmt die Tonhöhe. Schnellere Schwingungen ergeben höhere Töne.

GEIGE
Die Geige oder Violine hat einen hellen Klang mit einer gezackten Wellenform. Der hier dargestellte Klang hat die gleiche Tonhöhe wie der einer Stimmgabel. Die Schwingung hat die gleiche Frequenz, denn die Wellenberge sind gleich weit voneinander entfernt.

FLÖTE
Die Flöte spielt den gleichen Ton wie Stimmgabel und Geige. Die Wellenform ist hier eher geschwungen, nicht gezackt, da die Flöte einen reineren, weicheren und sanfteren Klang erzeugt als die Geige. Trotz dieser Unterschiede weisen die Wellenberge den gleichen Abstand auf, die Tonfrequenz ist also die gleiche.

Flämische Musiker des Mittelalters

GONG
Gong oder Becken erzeugen gezackte, unregelmäßige Wellen. Den metallenen Klang mit dem zufälligen Wellenmuster nehmen wir als Geräusch mit nicht oder nur ungenau bestimmbarer Tonhöhe wahr.

ÜBERLAGERTE WELLEN
Die Schallwellen gleichzeitig gespielter Instrumente überlagern sich. Unser Ohr empfängt die überlagerten Wellen, das Trommelfell schwingt in einem komplizierten Muster. Doch unser Gehirn kann die einzelnen Instrumente aus dem Gesamtklang erkennen.

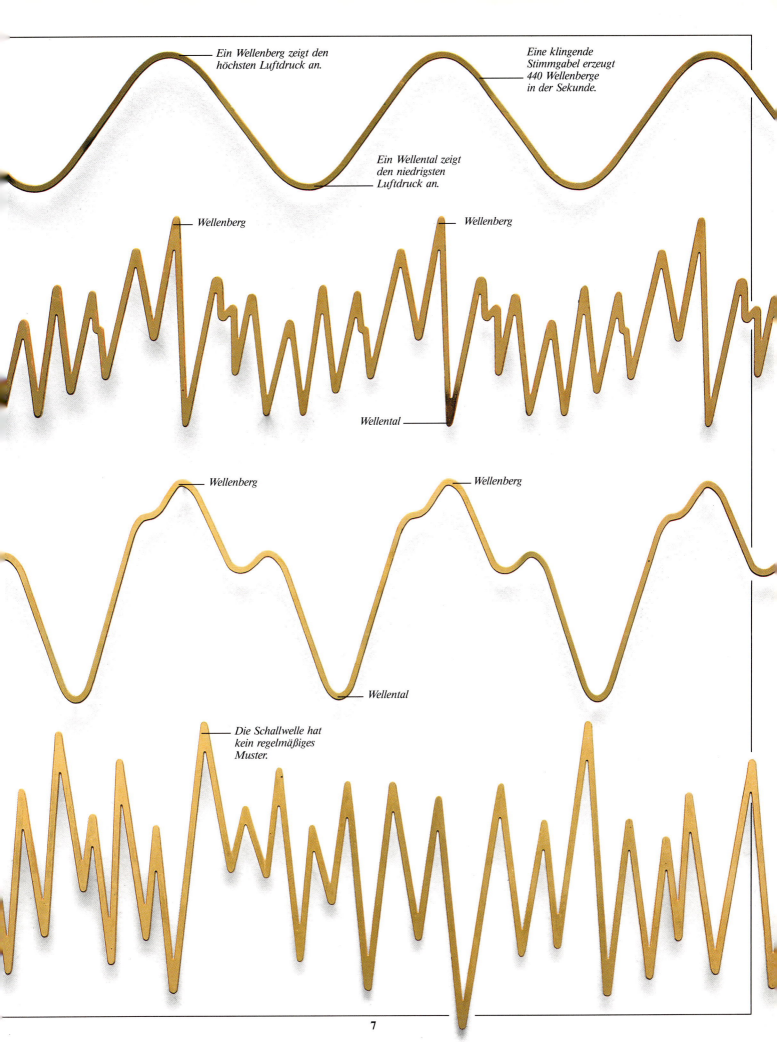

Windkanäle

Ein Anfänger wird auf einem Blasinstrument wie dem Saxophon Laute hervorbringen, die mit Musik nur wenig gemeinsam haben, aber in Meisterhänden können diese Instrumente wundervolle Klänge hervorbringen. Bei den Blasinstrumenten unterscheidet man zwei Hauptgruppen: Holz- und Blechblasinstrumente. Diese Bezeichnungen sagen wenig aus, da einige Holzblasinstrumente aus Metall und einige einfache Blechblasinstrumente aus Holz hergestellt werden. In beiden Gruppen bestehen die Instrumente im Grunde nur aus einer Röhre mit einem Mundstück. Bläst man in das Mundstück, so wird die Luft im Innern der Röhre in Schwingung versetzt. Diese Luft nennt man Luftsäule. Wird die Luftsäule verkürzt, erklingt ein höherer Ton. Auf Blechblasinstrumenten wie der Trompete spielt man höhere Töne, indem man stärker in das Mundstück bläst und die Spannung der Lippen erhöht; die Luftsäule teilt sich auf, schwingt in zwei Hälften, drei Dritteln u.s.w. und ergibt so höhere Töne.

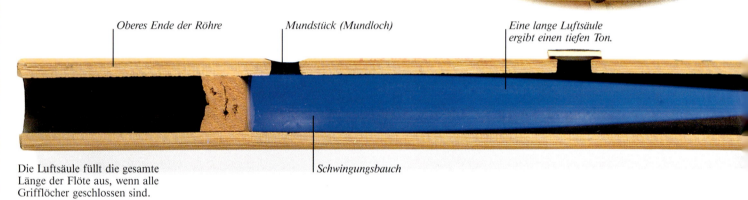

Oberes Ende der Röhre   *Mundstück (Mundloch)*   *Eine lange Luftsäule ergibt einen tiefen Ton.*

Die Luftsäule füllt die gesamte Länge der Flöte aus, wenn alle Grifflöcher geschlossen sind.   *Schwingungsbauch*

Verkürzte Luftsäule

Die Luftsäule füllt zwei Drittel der Gesamtlänge einer Flöte aus, wenn nur drei Grifflöcher geschlossen sind.   *Schwingungsbauch*   *Schwingungsknoten*

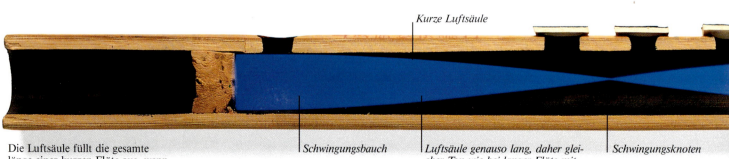

Kurze Luftsäule

Die Luftsäule füllt die gesamte länge einer kurzen Flöte aus, wenn alle Grifflöcher geschlossen sind.   *Schwingungsbauch*   *Luftsäule genauso lang, daher gleicher Ton wie bei langer Flöte mit nur drei geschlossenen Grifflöchern.*   *Schwingungsknoten*

Unterschiedliche Mundstücke

Holz- und Blechblasinstrumente werden mit verschiedenen Mundstücken gespielt. Flöten haben oft ein einfaches Loch, in welches man hinein oder über das man hinwegbläst. Dadurch wird die Luftsäule im Instrument in Schwingung versetzt. Andere Instrumente haben Mundstücke mit Rohrblättern, die beim Blasen vibrieren und die Luft zum Schwingen bringen. Blechblasinstrumente haben ein Metallmundstück, das der Spieler an seine Lippen setzt. Anstelle des Rohrblattes schwingen hier jedoch die Lippen selbst und versetzten die Luftsäule in Vibration.

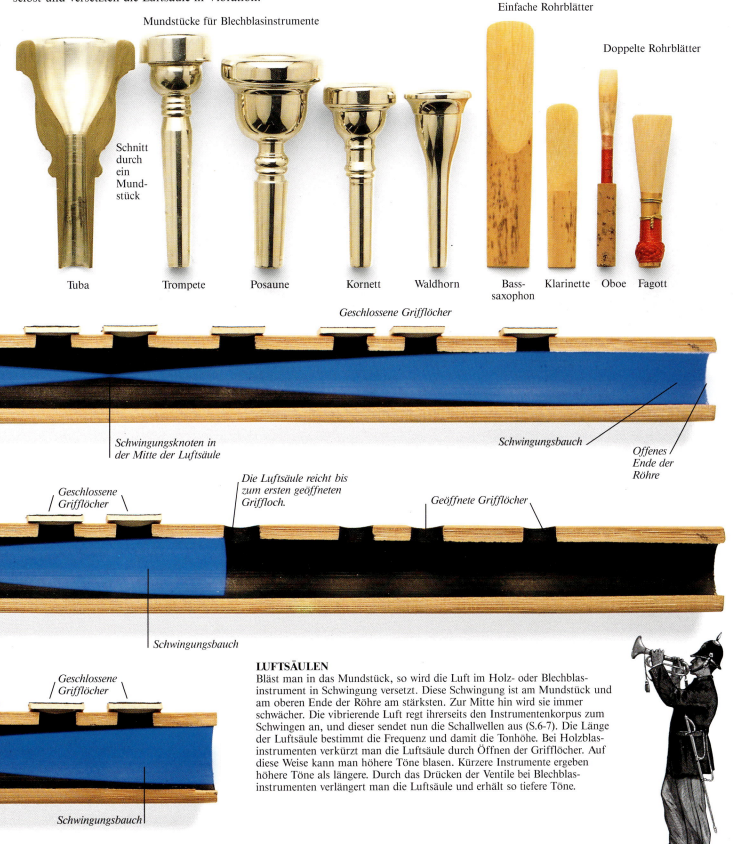

LUFTSÄULEN
Bläst man in das Mundstück, so wird die Luft im Holz- oder Blechblasinstrument in Schwingung versetzt. Diese Schwingung ist am Mundstück und am oberen Ende der Röhre am stärksten. Zur Mitte hin wird sie immer schwächer. Die vibrierende Luft regt ihrerseits den Instrumentenkorpus zum Schwingen an, und dieser sendet nun die Schallwellen aus (S.6-7). Die Länge der Luftsäule bestimmt die Frequenz und damit die Tonhöhe. Bei Holzblasinstrumenten verkürzt man die Luftsäule durch Öffnen der Grifflöcher. Auf diese Weise kann man höhere Töne blasen. Kürzere Instrumente ergeben höhere Töne als längere. Durch das Drücken der Ventile bei Blechblasinstrumenten verlängert man die Luftsäule und erhält so tiefere Töne.

Der Rattenfänger lockt die Kinder aus Hameln.

Pfeifen und Flöten

Der gehauchte Ton der Flöte verleiht ihr eine magische Wirkung. Vielleicht wird sie deshalb schon immer mit Zauberei in Verbindung gebracht wie in Mozarts *Zauberflöte* oder in der Sage vom Rattenfänger von Hameln. Der Flötenton entsteht durch das Blasen über den Rand einer offenen Röhre oder über ein seitliches Loch (S.8). Die Luft im Innern der Flöte gerät in Schwingung, und es entsteht ein lieblicher sanfter Ton, zu dem sich der Hauch der entweichenden Luft mischt. Durch stärkeres Anblasen können höhere Töne erzeugt werden.

PFEIFENDER FISCH
Dieser tönerne Fisch sieht nicht wie eine Blockflöte aus, doch er erzeugt die Töne in ähnlicher Weise. Beide haben einen Windkanal, durch den die Luft zum Aufschnitt geführt wird, wo der Ton entsteht.

Kerbe

DOPPELFLÖTE
Flageoletts sind Flöten, deren innere Bohrung vom Mundstück nach unten spitz zuläuft, so z.B. bei der *Tinwhistle* (Blechpfeife) der irischen Folklore. Die Abbildung zeigt eine *Dvojnice* aus Jugoslawien, ein Doppelflageolett, dessen Flöten unabhängig voneinander gespielt werden können. Dieses Instrument wurde um 1900 gebaut, doch die *Dvojnice* ist schon seit dem 13. Jh. bekannt.

Mundlöcher

Kerbe

Grifflöcher

FRÜHESTE MUSIK
Pfeifen aus Rentierzehenknochen kennt man seit über 40000 Jahren. Diese Knochen aus Frankreich dienten wahrscheinlich als Signalpfeifen.

KLINGENDE FRÜCHTE
Diese sudanesische Pfeife ist aus einem Stück Kürbis hergestellt. Zum Spielen bläst man in eine Kerbe und verschließt die Grifflöcher mit den Fingern.

Doppelte Griffflochreihe

Jedes Flötenrohr wird mit einer Hand gespielt.

Mundloch

Mundlochplatte

TIERE AUS STEIN
Frösche und ein Adler sind außergewöhnliche Verzierungen dieses Flageoletts aus dem 19. Jahrhundert. Es wurde von Haida-Indianern, die auf Inseln vor der kanadischen Küste leben, aus Speckstein geschnitzt.

MUSIK DER GÖTTER
Der Name Panflöte geht auf eine griechische Sage zurück. Als die Nymphe, die der Gott Pan liebte, in ein Schilfrohr verwandelt wurde, baute Pan daraus eine Flöte und spielte darauf, um seinen Kummer zu vergessen. Heute assoziiert man Panflöten meist mit südamerikanischer Musik.

FERNÖSTLICHE FORMEN
Die Kerbe am oberen Ende der japanischen *Shakuhachi* erleichtert das Spielen im Vergleich zur Panflöte.

Aus Holz geschnitzter Drachenkopf

Querflöten

Jede Röhre mit einem Mundloch und Grifflöchern heißt Flöte, aber oftmals nennt man nur die Instrumente so, die über ein seitliches Mundloch angeblasen werden. Sie heißen auch Querflöten, weil sie quer zum Körper gehalten werden.

Manche Flöten werden mit der Nase gespielt.

KUNSTGRIFF
Obwohl diese Bambusflöte aus Guyana wie eine Querflöte geblasen wird, ist sie ein außergewöhnliches Instrument. Die Tonhöhe wird durch unterschiedliche Handhaltungen über der seitlichen Öffnung verändert.

Öffnung, die mit der Hand bedeckt wird

Anblasloch

Anblasloch

DURCH DIE NASE GEBLASEN
Nasenflöten sind in der Pazifikregion weit verbreitet. Dieses wundervoll verzierte Exemplar von den Fiji-Inseln hat Anblaslöcher an beiden Enden und drei Grifflöcher in der Mitte. Der Spieler bläst mit einem Nasenloch, während er das andere zuhält oder mit Tabak verstopft.

DAS BOEHM-SYSTEM
Der deutsche Instrumentenbauer Theobald Boehm (1794-1881) verbesserte die Flöten durch ein Klappensystem, bei dem die Klappen direkt durch die Finger oder durch Klappenhebel betätigt wurden. Das Ergebnis war ein klarerer Klang und eine leichtere Spielbarkeit des Instruments.

HOHE TÖNE
Die kleine, hohe Pikkoloflöte wurde im 18. Jahrhundert erfunden. Dieses frühe Exemplar hat nur eine Klappe. Das moderne Pikkolo kann von jedem Flötisten gespielt werden, da es die gleiche Klappenanordnung wie die Konzertflöte besitzt.

Frühe Holzflöte, ca. 1830

Grifflöcher

Klappen

Daumenklappen

Klappen für die kleinen Finger

Moderne Konzertflöte

VOM EINFACHEN ZUM VERFEINERTEN SYSTEM
Mit ihren besseren Klangeigenschaften verdrängte die Konzertflöte im 19. Jahrhundert Blockflöte und Flageolett. Die ersten hölzernen Querflöten besaßen einen einfacheren Klappenmechanismus als die moderne Konzertflöte aus Metall, doch letztere ist leichter zu handhaben.

Klappen, die mit den Fingern gedrückt werden

Klappen, die über Hebel gedrückt werden

DRACHENFLÖTE
Lung-ti oder Drachenflöte heißt diese elegante chinesische Querflöte. Sie wird bei religiösen Zeremonien gespielt. Die Drachenflöte besteht aus bemaltem Bambus. Das Mundloch wird von einem dünnen Papierblättchen bedeckt, was einen durchdringenden, summenden Klang ergibt.

Aufgemalte Ornamente

Schwingende Schilfrohre

Ein Schilfrohr wird zum Instrument, indem man ein Stück davon abschneidet, ein Ende zusammendrückt und ein paar Löcher hineinbohrt. Dieses primitive Instrument bringt kaum mehr als ein Quietschen hervor, doch es ist der Vorfahre aller Rohrblasinstrumente. Das schwingende Schilfrohr gibt ihnen den typischen Klang. Die Vielfalt der klanglichen Möglichkeiten reicht von der flüssigen Beweglichkeit der Klarinette über das näselnde Klagen der Oboe bis zum mürrischen Brummen des Fagotts.

Dieser Ausschnitt aus einem Gemälde des 17. Jahrhunderts zeigt zwei Schalmeienspieler in Begleitung eines Posaunisten während eines Festzugs in Spanien.

Einzelrohrblätter

Klarinetten und Saxophone (S.14) werden mit einem Mundstück gespielt, dessen einfaches Rohrblatt von einer Blattschraube festgehalten wird. Die Lippen des Musikers beeinflussen die Schwingung des Blattes.

Klarinettenblatt

Mundstück

Birne

Oberstück mit den Klappen für die linke Hand

Normale Spielhaltung bei der Klarinette

Klappen für den rechten kleinen Finger

Klappen für den linken kleinen Finger

Unterstück mit den Klappen für die rechte Hand

Klappe für den linken Daumen

Notenhalterschraube

Kork zum Abdichten der Verbindungen

Anhängering für die Tragschnur

Die Bohrung der Klarinette erweitert sich erst am Schalltrichter.

Klappen für den rechten Zeigefinger

Die B-Klarinette ist das meistgespielte Mitglied der Klarinettenfamilie

Zusätzliche Klappe zur Erweiterung des Tonumfangs

SCHRILL UND LIEBLICH

Die Klarinette wurde im 18. Jahrhundert entwickelt. Etwa 100 Jahre später verbesserte Theobald Boehm (S.11) das Klappensystem. Der Name geht auf die Ähnlichkeit der hohen Klarinettentöne mit denen des hohen Trompetenregisters, dem *Clarino*, zurück. Die Klangfarbe, etwas schrill, doch gleichzeitig lieblich, ist in der Orchestermusik sehr beliebt. Einen lebendigen, bisweilen wilden Klarinettenklang kennt man aus dem traditionellen Jazz und mancher Volksmusik.

Der Schallbecher aus Metall richtet den Klang nach vorne.

Handstütze für die rechte Hand

Klappen für den rechten Daumen

Tiefe Klarinetten, wie diese Altklarinette, haben ein gebogenes Mundrohr.

Metallklappe über der Rohrbiegung

Der birnenförmige Becher gibt dem Englischhorn seine samtweiche Klangfarbe.

Zwischen den Stühlen

Erfinder benennen die Instrumente, die sie entwickeln, nur selten nach sich selbst, doch gibt es einige Ausnahmen wie das Heckelphon oder das Sousaphon. Die bekannteste Ausnahme aber ist das Saxophon, ein Zwitterinstrument, das der belgische Erfinder Adolphe Sax 1846 entwickelte. Er kombinierte ein Klarinettenmundstück mit einem oboenähnlichen, konischen Korpus, den er jedoch aus Metall herstellte. Entsprechend erhielt er ein Instrument mit horn- bis klarinettenartigem Klang. Es war zunächst für die Verwendung in Militärkapellen gedacht, aber erst im Jazz und in der Popmusik hat sich das Saxophon einen Namen gemacht, was auf seine vielfältigen Klangfarben und auf seine starke Ausdruckskraft zurückzuführen ist.

Mundstück mit Blattschraube und einfachem Rohrblatt

S-Bogen

Obere Oktavklappe

SAXOPHONSATZ
In Bigbands gibt es einen Satz von fünf Saxophonen: zwei Alt-, zwei Tenor- und ein Baritonsaxophon. Dies ist die Count Basie Band um 1958.

Notenhalterschraube

Klappe für den linken Daumen

GROSS UND STARK
Das Tenorsaxophon mit seinem voluminösen Klang ist das meistgespielte aller Saxophone. Sax stellte Instrumente in 14 Größen her, aber heute sind nur noch vier davon gebräuchlich: das Sopran-, das Alt-, das Tenor- und das Baritonsaxophon.

Korpus

EIN DEMONTIERTES SAXOPHON
Dieses Tenorsaxophon wurde auseinandergenommen, um die Goldlackierung zu erneuern. So kann man die weite, konische Röhre deutlich erkennen, die dem Instrument seinen vollen Ton verleiht.

Tragring

Daumenstütze

Korpusstütze

Klappen für den rechten kleinen Finger

Klappenlagerung

Schallbecher

Die großen Tonlöcher ermöglichen einen vollen Klang.

Klappendeckel

Musik aus dem Sack

Ein Problem aller Bläser ist das Atemholen. Einige lösen es mit der verblüffenden Technik, gleichzeitig mit der Nase ein- und mit dem Mund auszuatmen. Einfacher ist es jedoch, das Instrument gar nicht direkt anzublasen, sondern etwa ein Rohrblatt mit der Luft aus einem prall aufgepumpten Sack in Schwingung zu versetzen, wie es zum Beispiel beim Dudelsack gemacht wird. Akkordeons haben frei schwingende Metallzungen, die Töne erzeugen, ohne daß Pfeifen notwendig sind. Der Dudelsack hat jedoch Pfeifen, die einen rauhen, kreischenden Klang hervorbringen.

Traditioneller schottischer Dudelsackpfeifer des 19. Jahrhunderts

Der geschnitzte Ziegenkopf ist eine Besonderheit osteuropäischer Sackpfeifen.

Bordunpfeife

Meckernde Ziege
Dieser kunstvoll verzierte, mit Blasebalg gespielte Dudelsack wurde zu Beginn dieses Jahrhunderts in Ungarn gebaut. Man klemmt den Balg unter einen Arm und pumpt Luft in den ziegenledernen Sack. Die gebogene Pfeife enthält ein Rohrblatt und läßt einen gleichbleibenden Grundton (Bordun) erklingen. Melodien spielt man auf der mit Grifflöchern versehenen doppelten Spielpfeife.

Die Luft strömt aus dem Maul der Ziege durch die Sackpfeife.

Reinigungszubehör an einer Kette

Blasebalg mit Armgurt

Die Bordunpfeife hat ein Einzelrohrblatt und einen weiten Schallbecher.

Alter Windbeutel
Das *Biniou* (19.Jh.), eine einfache schaflederne Sackpfeife aus der Bretagne, wird heute noch oft zusammen mit der *Bombarde*, einer bretonischen Schalmei (S.12), in der Volksmusik gespielt. Der Spieler bläst durch das Mundrohr Luft in den Sack und preßt sie in Bordun- und Spielpfeife. Mit dem Mund geblasene Sackpfeifen gibt es in Europa, Afrika und Asien. Der Klang des schottischen Dudelsacks mit seinen drei Bordunpfeifen ist besonders charakteristisch.

Im Mundrohr befindet sich ein Ventil, damit keine Luft zurückströmen kann.

Die Spielpfeife hat ein Doppelrohrblatt und sieben Grifflöcher.

Der Sack ist aus Schafleder.

SPIELENDE MENSCHEN
Dieses Gemälde von Breughel (16. Jh.) zeigt einen Dudelsackpfeifer. Breughel porträtierte oft Menschen bei Fest und Spiel.

Durch Druck auf den Schieberknopf wird die Luft über Zungen geleitet, die andere Töne erzeugen.

HIN UND HER
Die Mundharmonika hat zwei Sätze frei schwingender Zungen, die durch das Einblasen oder Ansaugen von Luft angeregt werden. Die Mundharmonika existiert als solche erst seit dem letzten Jahrhundert. Sie stammt von der asiatischen Mundorgel ab.

Vier der 17 Pfeifen sind lediglich Attrappen, um das Scheng im Gleichgewicht zu halten.

Grifflöcher

Windkammer

Mundstück

Band, das die Pfeifen zusammenhält

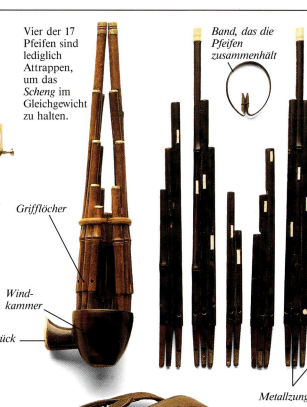

Metallzungen

DIE SILHOUETTE DES PHOENIX
Das *Scheng* ist eine Mundorgel aus China, wo es bereits vor 3000 Jahren bekannt war. Seine elegante Form soll die Silhouette des sagenhaften Phoenix darstellen. Zum Spielen bläst man Luft in die Windkammer und bringt die Pfeifen, in denen sich frei schwingende Zungen befinden, durch Schließen der Grifflöcher zum Klingen. Die Zungen werden mit Wachs beschwert, um sie zu stimmen.

Ein chinesischer Berufsmusiker spielt eine komplizierte Mundorgel.

Windkammer mit Löchern für die Pfeifen

Tasten aus Elfenbein und blauem Plastik

Der Balg bläst und saugt die Luft über die Zungen.

Ein Straßenmusikant des 19. Jahrhunderts mit Affe und Akkordeon

QUETSCHKOMMODE
Blumenverzierter Balg, vernickeltes Gitter und blaue Plastikbeschläge machen die Pracht dieses Akkordeons aus. Das Akkordeon wird oft mit Frankreich assoziiert, aber dieses hier wurde zu Beginn des Jahrhunderts in Italien hergestellt. Durch Drücken der Tasten und Knöpfe kann die Luft aus dem Balg die Metallzungen in Schwingung versetzen.

Der Klang der Metallzungen ertönt aus dem Gitter.

120 Knöpfe für Baßtöne und Akkorde

Orgelmusik

Tausende von Pfeifen können eine große Kathedrale mit Klang erfüllen, wenn die Orgel spielt, und doch stammt die gewaltige Pfeifenorgel von der kleinen Panflöte ab (S.10). Drücken der Tasten leitet Luft durch die Pfeifen, die wie Holzblasinstrumente funktionieren (S. 8-9). Die erste Orgel (Griechenland, um 250 v.Chr.) leitete die Luft mit Wasserdruck durch die Pfeifen. Heute geschieht dies mit elektrischen Ventilatoren.

TRAGBARE ORGEL
Das mittelalterliche Portativ war eine tragbare Orgel. Eine Hand betätigte einen Balg, um Luft durch die Lippenpfeifen zu blasen. Die andere Hand spielte die Tasten.

RIESENPFEIFEN
Die Pfeifen für die tiefsten Töne einer großen Orgel können bis zu 10 m lang sein.

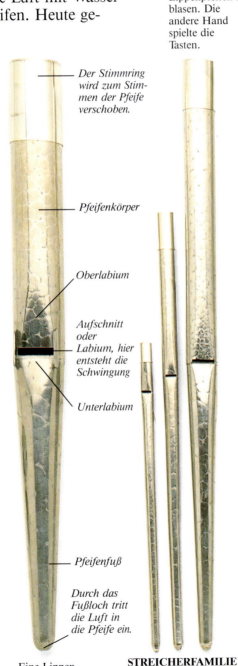

Der Stimmring wird zum Stimmen der Pfeife verschoben.

Pfeifenkörper

Oberlabium

Aufschnitt oder Labium, hier entsteht die Schwingung

Unterlabium

Pfeifenfuß

Durch das Fußloch tritt die Luft in die Pfeife ein.

50 % Blei
50 % Zinn

70 % Blei
30 % Zinn

METALLMISCHUNG
Orgelpfeifen werden meist aus Blei-Zinn-Legierungen hergestellt. Zinn hellt den Klang auf, Blei trübt ihn ein.

Eine Lippenpfeife (Labialpfeife)

STREICHERFAMILIE
Lippenpfeifen erzeugen die Töne wie Flöten (S.10). Diese engen Pfeifen gehören zum Streicherregister der Orgel.

PRINZIPALIENPFEIFEN
Die kleinen Metallstege an den Rändern des Aufschnitts heißen "Bärte". Sie stabilisieren den Klang der Pfeife.

Prospektpfeife aus Kupfer

PROSPEKT-PFEIFEN
Sie sind sichtbar an der Vorderseite der Orgel angebracht (Name!). Zu 80 % aus Zinn klingen sie hell und klar.

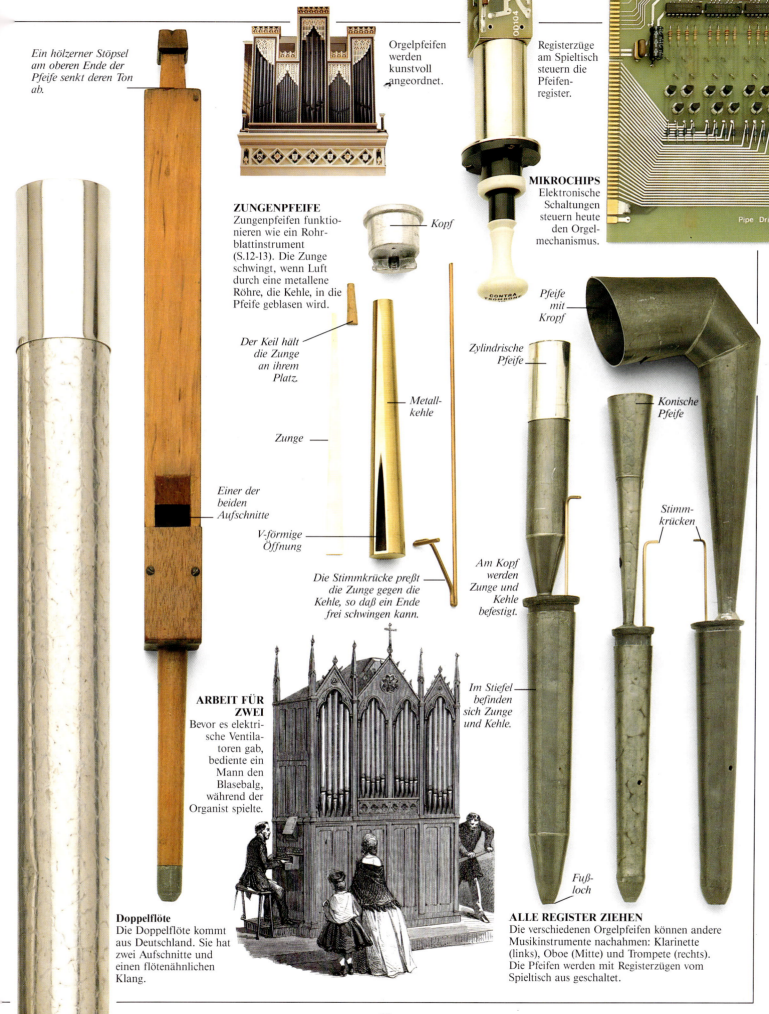

Ein hölzerner Stöpsel am oberen Ende der Pfeife senkt deren Ton ab.

Orgelpfeifen werden kunstvoll angeordnet.

Registerzüge am Spieltisch steuern die Pfeifenregister.

MIKROCHIPS
Elektronische Schaltungen steuern heute den Orgelmechanismus.

ZUNGENPFEIFE
Zungenpfeifen funktionieren wie ein Rohrblattinstrument (S.12-13). Die Zunge schwingt, wenn Luft durch eine metallene Röhre, die Kehle, in die Pfeife geblasen wird.

Kopf

Der Keil hält die Zunge an ihrem Platz.

Pfeife mit Kropf

Metallkehle

Zylindrische Pfeife

Zunge

Konische Pfeife

Einer der beiden Aufschnitte

V-förmige Öffnung

Stimmkrücken

Die Stimmkrücke preßt die Zunge gegen die Kehle, so daß ein Ende frei schwingen kann.

Am Kopf werden Zunge und Kehle befestigt.

ARBEIT FÜR ZWEI
Bevor es elektrische Ventilatoren gab, bediente ein Mann den Blasebalg, während der Organist spielte.

Im Stiefel befinden sich Zunge und Kehle.

Fußloch

Doppelflöte
Die Doppelflöte kommt aus Deutschland. Sie hat zwei Aufschnitte und einen flötenähnlichen Klang.

ALLE REGISTER ZIEHEN
Die verschiedenen Orgelpfeifen können andere Musikinstrumente nachahmen: Klarinette (links), Oboe (Mitte) und Trompete (rechts). Die Pfeifen werden mit Registerzügen vom Spieltisch aus geschaltet.

Das Cornu war ein römisches Bronzehorn.

Nicht nur Blech

Die meisten Blechblasinstrumente werden, wie der Name sagt, aus Metall hergestellt. Trompeten, Posaunen, Hörner und Tuben bestehen aus blankem oder versilbertem Messing. Ihre Vorfahren waren jedoch Gegenstände aus der Natur wie Muscheln, ausgehöhlte Äste oder Tierhörner. Auch heute bezeichnet man als Blechblasinstrumente all jene Instrumente, deren Töne mit den Lippen erzeugt werden. Diese einfachen Instrumente sind ideal für Fanfaren oder Jagdsignale, doch kann man auf ihnen nur wenige verschiedene Töne blasen. Erfinder versuchten immer wieder, diesen begrenzten Tonumfang zu erweitern, und entwickelten dabei auch solch bizarre Instrumente wie den schlangenförmigen Serpent.

Deutsche Musiker im Jahre 1520 mit Schalmeien (links) und Trompeten (rechts).

KLAPPENTROMPETE
Haydn komponierte sein bekanntes Trompetenkonzert von 1796 für die damals entwickelte Klappentrompete, die einen erweiterten Tonumfang besaß. Die Klappentrompete war nur kurze Zeit in Gebrauch.

Geschnitztes Mundstück

NATURHORN
Dieses ostafrikanische Instrument ist aus einem Gazellenhorn hergestellt. Das Horn wurde ausgehöhlt, und die äußere Hornschicht wurde entfernt. Es wird durch eine seitliche Öffnung gespielt. Solche Instrumente sind in weiten Teilen Afrikas verbreitet. Es gibt sogar ganze Hornorchester.

Lederriemen mit Verzierungen aus Kaurischnecken

Der Spieler setzt dieses Rohrende an die Lippen.

VON TERMITEN GEBAUT
Die Ureinwohner Australiens kennen eine ungewöhnliche Technik, das *Didjeridu*, ihr wichtigstes Instrument, herzustellen. Sie vergraben einen langen Eukalyptusast in der Erde und lassen ihn von Termiten aushöhlen. Die so entstandene Holzröhre wird mit Ornamenten verziert.

Trichterförmiges Mundstück

Tragkordel mit Quasten

VOM JÄGER ZUM POSTILLION
Kleine, gewundene Jagdhörner waren in Frankreich bereits im 14. Jahrhundert bekannt. Nach Entstehen der Post, etwa 100 Jahre später, übernahm der Postillion das Instrument als Posthorn.

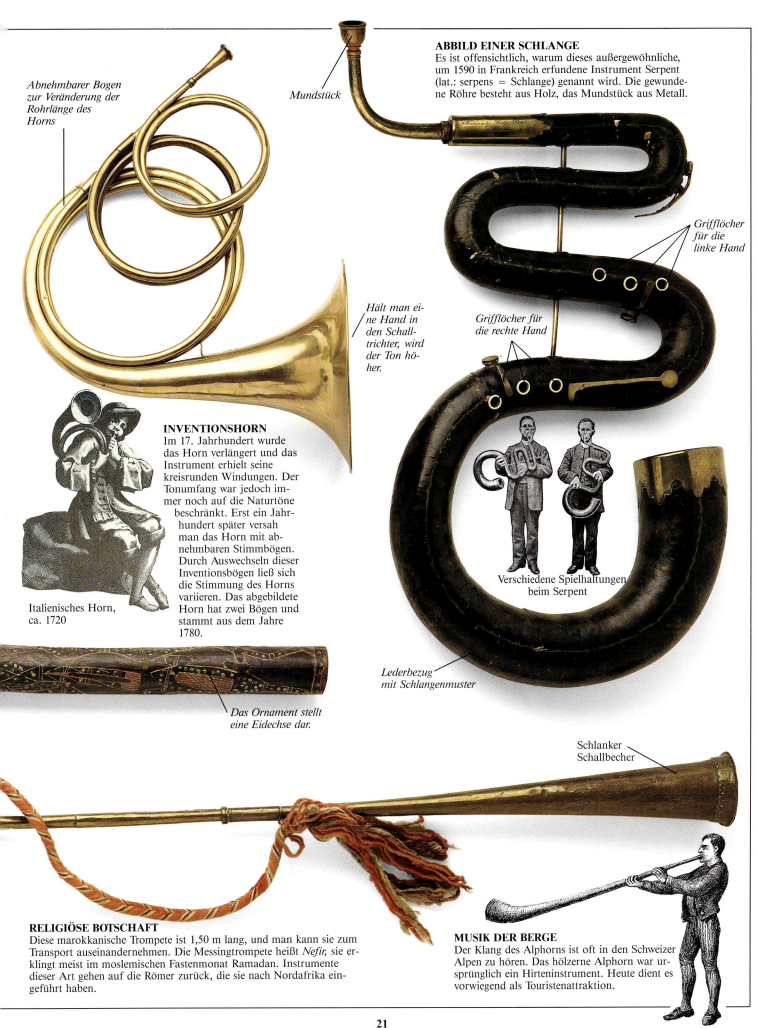

Abnehmbarer Bogen zur Veränderung der Rohrlänge des Horns

Mundstück

ABBILD EINER SCHLANGE
Es ist offensichtlich, warum dieses außergewöhnliche, um 1590 in Frankreich erfundene Instrument Serpent (lat.: serpens = Schlange) genannt wird. Die gewundene Röhre besteht aus Holz, das Mundstück aus Metall.

Grifflöcher für die linke Hand

Hält man eine Hand in den Schalltrichter, wird der Ton höher.

Grifflöcher für die rechte Hand

INVENTIONSHORN
Im 17. Jahrhundert wurde das Horn verlängert und das Instrument erhielt seine kreisrunden Windungen. Der Tonumfang war jedoch immer noch auf die Naturtöne beschränkt. Erst ein Jahrhundert später versah man das Horn mit abnehmbaren Stimmbögen. Durch Auswechseln dieser Inventionsbögen ließ sich die Stimmung des Horns variieren. Das abgebildete Horn hat zwei Bögen und stammt aus dem Jahre 1780.

Italienisches Horn, ca. 1720

Verschiedene Spielhaltungen beim Serpent

Lederbezug mit Schlangenmuster

Das Ornament stellt eine Eidechse dar.

Schlanker Schallbecher

RELIGIÖSE BOTSCHAFT
Diese marokkanische Trompete ist 1,50 m lang, und man kann sie zum Transport auseinandernehmen. Die Messingtrompete heißt *Nefir,* sie erklingt meist im moslemischen Fastenmonat Ramadan. Instrumente dieser Art gehen auf die Römer zurück, die sie nach Nordafrika eingeführt haben.

MUSIK DER BERGE
Der Klang des Alphorns ist oft in den Schweizer Alpen zu hören. Das hölzerne Alphorn war ursprünglich ein Hirteninstrument. Heute dient es vorwiegend als Touristenattraktion.

Strahlender Klang

Ein roter Kopf mag vielleicht zu einer schmetternden Trompete passen, doch ihr strahlender Klang hat nichts mit zügelloser Kraft zu tun. Die Brillanz von Blechblasinstrumenten wie Trompete oder Posaune ist vielmehr auf die enge Metallröhre, die zylindrische Bohrung und den weit ausladenden Schalltrichter zurückzuführen. Doch der brillante Ton dieser Instrumente stellt nur die Hälfte ihrer klanglichen Möglichkeiten dar. Durch leichtes Anblasen kann man sanfte Töne erzeugen, mit einem Dämpfer die Klangfarbe völlig verändern und rauchige, geheimnisvolle Töne hervorbringen. Insbesondere Jazzmusiker schöpfen die Klangvielfalt von Trompete und Posaune aus und entwickeln ihren ganz individuellen Sound auf diesen Instrumenten.

Ventile

HEROLDSFANFARE
Der Herold auf diesem Druck aus dem 17. Jahrhundert bläst eine Trompete dieser Zeit. Das Instrument hatte noch keine Ventile.

Kesselmundstück

Hinter den Ventilen erweitert sich sich das Rohr.

WIE EINE TROMPETE
Das Kornett wurde aus dem gewundenen Posthorn entwickelt (S.20), in das man Ventile einbaute. Man spielt das Kornett wie eine Trompete, und es hat den gleichen Tonumfang wie diese. Das Kornett hat jedoch einen runderen Ton, weil sich sein Rohr zum Trichter hin stark aufweitet. Es fehlt ihm die Brillanz und Schärfe der Trompete. Allerdings ist es leichter zu spielen als eine Trompete.

TRADITIONELLE BESETZUNG
In vielen Bands, die traditionellen Jazz spielen, gibt es eine Posaune und eine Trompete. Hier sieht man die Band des Trompeters Humphrey Littleton.

GESCHULTERTE LAST
Die Windungen dieses langen und schweren Instruments aus dem 19. Jahrhundert ermöglichen dem Musiker, es auf der Schulter zu tragen.

Wasserklappe zum Entfernen von Kondenswasser

Außenzugrohr

DREI VENTILE
Auf einer modernen Trompete lassen sich alle Töne der Tonleiter mit nur drei Ventilen spielen. In den Ventilen befinden sich Luftkanäle, die die Luft durch zusätzliche Bögen umleiten. Dadurch wird die Luftsäule im Instrument verlängert, der Ton wird tiefer. Die Ventilbögen sind verschieden lang, durch die unterschiedlichen Kombinationen der drei Ventile lassen sich alle Töne zwischen den Naturtönen erreichen. Die Naturtöne kann der Trompeter ohne Ventile, nur durch veränderte Lippenspannung blasen.

Eine Druckfeder holt das gedrückte Ventil zurück.

Luftkanäle im Ventil

KEIN VENTIL IST GEDRÜCKT
Die Luft fließt nicht durch die Ventilbögen.

DAS DRITTE VENTIL IST GEDRÜCKT
Die Luft fließt durch den dritten, den längsten Ventilbogen.

Ausziehbares Rohrstück

DIE FÜHRENDE STIMME
Die Trompete, hier mit ausgebautem ersten Ventil, ist das wichtigste Instrument in vielen Bands und Orchestern, weil sie hoch und laut spielen kann und somit die anderen Instrumente anführt.

SATCHMO
Louis Armstrong, genannt Satchmo, revolutionierte den Jazz in den zwanziger Jahren mit seinem Trompetenstil. Während die Jazzmusiker bis dahin hauptsächlich gleichzeitig improvisiert hatten, entwickelte Armstrong den ersten eigentlichen Solostil. Er improvisierte solistisch zur Begleitung der Rhythmusgruppe.

Trompete mit Straight-Dämpfer

Straight-Dämpfer   Cup-Dämpfer   Harmon-Dämpfer

GESTOPFTE TROMPETE
Bei allen Blechblasinstrumenten kann man Dämpfer in oder über den Schalltrichter stecken. Sie reduzieren das Klangvolumen und verändern die Klangfarbe. Der Straight-Dämpfer ergibt einen dünnen, durchdringenden Klang, der Harmon-Dämpfer die flüsternden Töne, die man von dem Jazztrompeter Miles Davis kennt. Bewegt man einen Dämpfer vor dem Schalltrichter, so erhält man einen Wha-Wha-Effekt.

Weit ausladendes Schallstück

Quersteg (rechte Hand)   *Quersteg (linke Hand)*

Innenzugrohr

ZEITLOSES DESIGN
Die Posaune ist ein Instrument, dessen Form sich im Verlauf seiner Geschichte kaum verändert hat. Alte Gemälde zeigen, daß die Posaune ihre heutige Form bereits im 15. Jahrhundert hatte. Nur das Schallstück hat sich verändert, es ist weiter geworden. Die Posaune hat einen Zug, den der Bläser während des Spielens ausziehen und einschieben kann. Er verändert so die Länge der Luftsäule im Instrument und damit die Tonhöhe. Auf der Posaune kann man auch von einem Ton zum anderen gleiten, eine Spezialität dieses Blasinstruments. Durch den Zug ist die Posaune etwas schwerfälliger als Ventilinstumente. Das abgebildete Instrument ist eine Tenorposaune; Baßposaunen besitzen mehr Windungen.

Hörner und Tuben

Es war ein einfaches Tierhorn, das einer ganzen Instrumentengruppe seinen Namen gab. Blechblasinstrumente mit einem vorwiegend konischen Rohr und einem runden, weichen Ton, dem die Brillanz des Trompetentons fehlt, bezeichnet man als Hörner. In ihrer Vielfalt sind sie heute in den verschiedensten Orchestern vertreten. Die Waldhörner und die große Baßtuba runden den Klang der Blechbläsergruppe im Sinfonieorchester ab, indem sie ihm Fülle und Volumen verleihen. Das Waldhorn erfordert große Lippenkraft, um hohe Töne sicher zu treffen, und für die Tuba braucht man einen starken Atem, um ihr riesiges Volumen auszufüllen. Trotz der notwendigen Kraft, kann man auf den Instrumenten auch sehr gefühlvoll spielen.

Die Zylinderventile werden mit der linken Hand betätigt.

Der weit ausladende Schalltrichter wird von der rechten Hand gestützt.

Die weite, konische Bohrung ergibt einen weichen Klang.

Becherförmiges Mundstück

MILITÄRISCHES ERBE
Dieses Tenorhorn ist ein Nachkomme des Bügelhorns, dem Signalhorn der Kavallerie. Adolphe Sax, der besser durch die Entwicklung des Saxophons bekannt ist, baute im 19. Jahrhundert Ventile an das Bügelhorn und entwickelte so die Instrumentenfamilie der Saxhörner.

Périnetventile

DOPPELTE NATIONALITÄT
Das Waldhorn kommt ursprünglich aus Frankreich und wurde in Deutschland weiterentwickelt. Dieses Instrument hier heißt Doppelhorn, denn eigentlich sind es zwei Instrumente in einem. Mit einem Daumenventil kann der Hornist auf eine kürzere Rohrlänge umschalten, die es erleichtert, hohe Töne zu spielen. Im ausgestreckten Zustand wäre dieses Waldhorn 9 m lang.

Die rechte Hand wird in den Trichter gesteckt, um den Klang zu verändern.

IM GLEICHSCHRITT
Marschkapellen bevorzugen Blechblasinstrumente, weil sie leicht zu tragen sind und einen lauten, erregenden Klang haben. Die Abbildung zeigt Kornettisten und Hornisten. Dahinter sind Holzblasinstrumente wie Saxophone und Klarinetten. In manchen Ländern (z.B. England) gibt es *Brass Bands,* in denen bis auf das Schlagzeug ausschließlich Blechblasinstrumente vertreten sind.

HANDGEMACHTE HÖRNER
Dieser Druck aus dem 19. Jahrhundert zeigt die Montage von Hörnern in einer französischen Instrumentenfabrik. Die Einzelteile der Instrumente wurden von Hand zusammengesetzt.

EINE SOLIDE GRUNDLAGE
In Blasorchestern ist die vornehmliche Aufgabe der Baßtuba, für ein gutes klangliches Fundament zu sorgen, aber in Meisterhänden kann die Tuba auch äußerst flink sein und luftig leichte Töne hervorbringen. Die Tuba ist im Grunde ein großes Bügelhorn mit Ventilen, das aufrecht gehalten wird. Sie wurde 1835 in Deutschland erfunden. Es gibt Tuben verschiedener Formen und Tonhöhen, von tief bis sehr tief. Das größte Instrument ist mit einer Höhe von 2,40 m größer als der Musiker, der es spielt. Würde man das gesamte Rohr dieser Tuba aufwickeln, so wäre es fast 14 m lang.

VORWÄRTS MARSCH
Diese Tuba ist für Militärkapellen konstruiert. Man kann das Mundrohr so verstellen, daß das Instrument beim Marschieren auf der Schulter getragen werden kann. Das Schallstück zeigt dabei nach vorne, nicht nach oben.

BEQUEM
Die Tuba wird normalerweise im Sitzen gespielt, wobei sie auf dem Schoß des Tubisten ruht. Die abgebildete Tuba hat ein viertes Ventil zur Erweiterung des Tonumfangs.

Périnetventile

Großes becherförmiges Mundstück

Ventilbögen

Moderne Blechblasinstrumente wie diese Tuba behalten ihren Glanz durch eine spezielle Lackierung. Früher mußten die Instrumente geputzt und poliert werden.

SOUSA-SOUND
Das Sousaphon wurde 1898 von dem amerikanischen Kapellmeister John Philip Sousa konstruiert. Zum Spielen legt der Musiker das Instrument um seinen Oberkörper. Das Schallstück ragt dabei über seinen Kopf. Es gibt auch leichtere Ausführungen des Instruments aus Fiberglas.

Das Ende der Stille

Die Beschäftigung des Menschen mit der Musik begann mit dem Spielen einer einfachen Leier im antiken Griechenland. Pythagoras (ca. 582-507 v.Chr.), der berühmte Philosoph und Wissenschaftler entdeckte, daß die Höhe eines von einer schwingenden Saite erzeugten Tones von der Länge der Saite abhängig ist. Wenn mehrere Saiten gleichzeitig erklingen, deren Längen in einfachen Verhältnissen wie 3 zu 2 oder 5 zu 4 zueinander stehen, so bilden die Töne eine Harmonie. Dieses Prinzip liegt allen Saiteninstrumenten zugrunde, wenn man die Saiten durch Luftsäulen ersetzt, auch allen Blasinstrumenten (S.8-9). Man kann die Tonhöhe aber auch durch Veränderung der Saitenspannung oder des Saitendurchmessers variieren. Mit beiden Händen erzeugt der Musiker die Töne. Durch den direkten Einfluß auf Tonhöhe und Klangqualität besitzen Saiteninstrumente eine große musikalische Ausdruckskraft. Dies erklärt zum Teil die wichtige Stellung der Streichinstrumente in der klassischen Musik. In großen Gruppen gespielt klingen sie wundervoll und erhebend. Bei Piano und Harfe ist der Einfluß auf Ton- und Klangqualität weniger direkt, doch weil sie mehr Saiten besitzten, kann man Akkorde und Klangkaskaden zum Klingen bringen.

Die Decke des Korpus ist der Resonanzboden.

Die Schallöcher (F-Löcher) strahlen den Schall ab.

MUSIKALISCHE KRAFT
Saiteninstrumente haben starke Saiten, die eine hohe Spannung aushalten können. Meist bestehen sie aus Nylon oder Stahldraht.

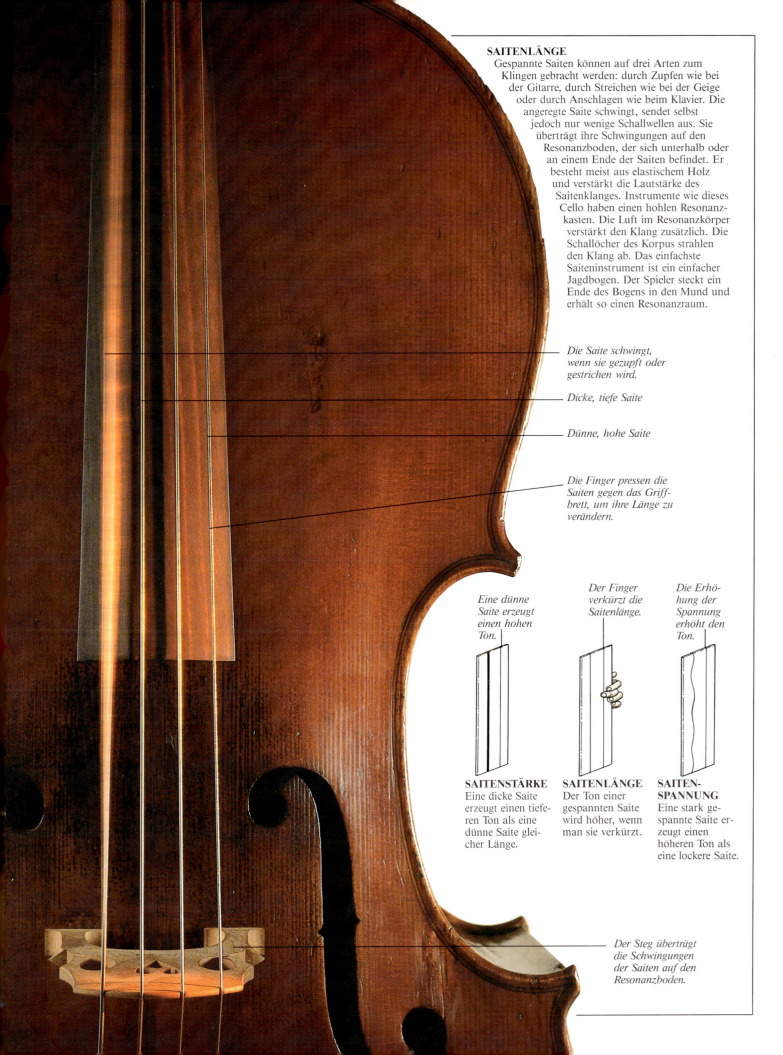

SAITENLÄNGE

Gespannte Saiten können auf drei Arten zum Klingen gebracht werden: durch Zupfen wie bei der Gitarre, durch Streichen wie bei der Geige oder durch Anschlagen wie beim Klavier. Die angeregte Saite schwingt, sendet selbst jedoch nur wenige Schallwellen aus. Sie überträgt ihre Schwingungen auf den Resonanzboden, der sich unterhalb oder an einem Ende der Saiten befindet. Er besteht meist aus elastischem Holz und verstärkt die Lautstärke des Saitenklanges. Instrumente wie dieses Cello haben einen hohlen Resonanzkasten. Die Luft im Resonanzkörper verstärkt den Klang zusätzlich. Die Schallöcher des Korpus strahlen den Klang ab. Das einfachste Saiteninstrument ist ein einfacher Jagdbogen. Der Spieler steckt ein Ende des Bogens in den Mund und erhält so einen Resonanzraum.

Die Saite schwingt, wenn sie gezupft oder gestrichen wird.

Dicke, tiefe Saite

Dünne, hohe Saite

Die Finger pressen die Saiten gegen das Griffbrett, um ihre Länge zu verändern.

Eine dünne Saite erzeugt einen hohen Ton.

Der Finger verkürzt die Saitenlänge.

Die Erhöhung der Spannung erhöht den Ton.

SAITENSTÄRKE
Eine dicke Saite erzeugt einen tieferen Ton als eine dünne Saite gleicher Länge.

SAITENLÄNGE
Der Ton einer gespannten Saite wird höher, wenn man sie verkürzt.

SAITEN-SPANNUNG
Eine stark gespannte Saite erzeugt einen höheren Ton als eine lockere Saite.

Der Steg überträgt die Schwingungen der Saiten auf den Resonanzboden.

Alte Streichinstrumente

Die modernen Streichinstrumente stellen den Höhepunkt einer jahrhundertelangen Entwicklung dar. Ihre Vorfahren zeigten noch eine große Vielfalt an Formen. Sie hatten gewölbte oder flache Böden, Griffbretter mit oder ohne Bünde, unterschiedlich viele Saiten und oftmals zusätzliche Resonanzsaiten. Auch die Spieltechniken dieser Instrumente waren anders als heute. So wurden die kleineren Streichinstrumente oft nicht wie die moderne Geige unter dem Kinn, sondern gegen die Brust gehalten. Die alten Formen und Techniken sind in der Volksmusik teilweise bis heute erhalten.

Hölzerne Engelsfigur mit einer Gambe, ca. 1390

Die kleine Rebec mit gewölbtem Rücken war eine Vorläuferin der Violine. Sie wurde zum Spielen waagerecht gehalten und mit einem Bogen gestrichen.

Der geschnitzte Kopf einer mythologischen Gestalt, möglicherweise Ariadne. Viele Instrumente zeigen den Kopf Amors, des Liebesgottes.

Sieben Resonanzsaiten unter den Spielsaiten

Die Pflanzenmuster sind Federzeichnungen.

Wirbelkasten mit einem geschnitzten Löwenkopf

Wirbel aus Elfenbein

GLANZ DES ORIENTS
Die ersten gestrichenen Fideln gab es bereits im 10. Jahrhundert. Diese dreisaitige Dornfidel wurde im 18. Jahrhundert in Persien gebaut. Der Dorn führt von den Wirbeln durch den Hals und den runden Korpus. Das Instrument besteht aus Holz mit feinen Einlegearbeiten.

MONGOLISCHES PFERD
Das *Morin-chur*, eine mongolische Fidel, hat einen quadratischen Korpus und einen stilvoll geschnitzten Pferdekopf auf dem Wirbelkasten.

SKANDINAVISCHE VOLKSKUNST
Eine Volksfidel aus Norwegen: Die Verzierungen auf dem Korpus sind Federzeichnungen. Griffbrett und Saitenhalter schmücken Einlegearbeiten aus Horn und Bein. Zwischen den vier Spielsaiten befinden sich vier wie die Spielsaiten gestimmte Resonanzsaiten zur Verstärkung des Klangs. Die Fiedel wurde 1670 in Hardanger erfunden. Dieses Instrument wurde Mitte dieses Jahrhunderts gebaut.

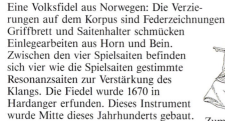

Die Decke besteht aus einem Schlagfell.

Der Dorn geht durch das ganze Instrument.

Zum Spielen wird der Dorn auf dem Boden abgestützt.

AMORS MACHT
Der romantische Name Viola d'amore (Liebes-Viole) bezieht sich auf die sieben Resonanzsaiten, die im Einklang mit den Spielsaiten schwingen. Saiten und Bauweise des Instruments entsprechen der Viole oder Gambe, aber es wird wie eine Violine (S.30) gehalten und hat wie diese keine Bünde. Vivaldi komponierte für die Viola d'amore, aber ihr zarter Klang machte sie für die Verwendung im Orchester ungeeignet.

DER TANZMEISTER
Der Tanzmeister spielte die Taschengeige (rechts), wenn er seinen Schülern die Tanzschritte erklärte. Die Geige war klein genug, um in eine Rocktasche zu passen, der Bogen diente oft als Zeigestock, wie auf diesem Stich aus dem späten 18. Jahrhundert. In Frankreich heißt das kleine Instrument *Pochette* (Tasche), bei uns auch Tanzmeistergeige.

Hals und Schnecke aus einem Stück gearbeitet

Strohgeigen hatten nur eine Saite.

Der Schalltrichter ist verstellbar, um den Schall in die gewünschte Richtung zu lenken.

GAMBENSPIELER
Gamben oder Violen spielte man mit der Hand hinter dem Bogen, was einen gleichmäßigen Klang ergab. Die drei größten Gamben, die Diskant-, Tenor- und Baßgambe hielt man zum Spielen zwischen den Knien. Sie waren populär, bis sie im 18. Jahrhundert von der Violinenfamilie verdrängt wurden.

Schalltrichter aus Metall

KURIOSES DESIGN
Die Hornfidel oder Strohgeige wurde 1901 von dem englischen Musiker Charles Stroh erfunden. Ihre einzige Saite versetzt eine Membran an der Seite des Stegs in Schwingung, der Trichter verstärkt den Klang der Membran genau wie bei einem alten Grammophon. Die Strohgeige war in Aufnahmestudios durch ihre große Lautstärke den herkömmlichen Violinen überlegen.

Geschnitzter Miniaturkopf

TANZENDE MINIATUR
Die Taschengeige, eine kleine Fidel mit gewölbtem Korpus, entwickelte sich aus der mittelalterlichen Rebec. Sie war im 17. und 18. Jahrhundert populär.

EINE ALTE FAMILIE
Die Violen oder Gamben sind sechssaitige Streichinstrumente mit Bünden wie bei der Gitarre. Diese Baßgambe wurde 1713 in England gebaut. Sie hat Bünde aus Darm, die man zum Stimmen verschieben kann.

COUSINE DES CELLOS
Die Baßgambe auf diesem italienischen Bild aus dem 16. Jahrhundert ähnelt einem Cello (S.31), das sich in dieser Zeit. Diese Gambe hat schöne f-förmige Schallöcher.

Ein c-förmiges Schalloch findet man bei einigen Gamben.

Die Violinenfamilie

Die Violine erhielt ihre heutige Form schon um 1550 und entwickelte sich zusammen mit Viola, Cello und Kontrabaß in den folgenden zwei Jahrhunderten zu ihrer eigentlichen Perfektion. Ihr reichhaltiger, kraftvoller Klang und die ausdrucksstärkere Spieltechnik führten dazu, daß diese Instrumente Gamben und andere Streichinstrumente verdrängten. Mit Entstehen der Sinfonieorchester und Streichquartette im 19. Jahrhundert erreichte die Violinenfamilie die führende Position in der europäischen Kunstmusik. Außerdem findet die Geige in der Volksmusik und der Kontrabaß im Jazz Verwendung.

TEUFELSGEIGER
Der italienische Geiger Nicolo Paganini (1782-1840) entwickelte das Violinenspiel zu unglaublicher Virtuosität. Man behauptete, er stehe mit dem Teufel im Bunde, und seine Musik sei dämonisch. Paganini ist am besten für seine Stücke für Solovioline bekannt, deren Themen verschiedene Komponisten zu Bearbeitungen anregten.

ÜBUNG MACHT DEN MEISTER
Um 1910 wurde dieses eigenartig aussehende Instrument von einem englischen Geigenbauer als Übungsgeige konstruiert. Da es keinen Resonanzboden besitzt, erzeugen die gestrichenen oder gezupften Saiten nur ganz leise Töne. So kann man um Mitternacht üben, ohne die Nachbarn zu stören.

Die Bogenform ist für Violine, Viola und Cello gleich.

EIN GENIE BEI DER ARBEIT
Die Streichinstrumente von Stradivari (1644-1737) gelten als die besten, die jemals gebaut wurden. Die Form hat sich seither kaum verändert.

Die dünnste Saite erzeugt die höchsten Töne.

Das Streichquartett (zwei Violinen, Viola und Cello): ein klassisches Kammermusikensemble.

VIOLINE
Die Violine oder Geige ist das kleinste Mitglied der Familie und wird zum Spielen unter dem Kinn gehalten. Die hohe E-Saite mit ihrem brillanten Klang hat viele Komponisten inspiriert.

VIOLA
Die Bratsche gleicht in ihrer Form der Violine, ist aber etwas größer und tiefer gestimmt. Ihr Klang ist wärmer. Im Orchester wird sie hauptsächlich in den Mittelstimmen eingesetzt.

Tonumfang der Violinenfamilie im Vergleich zum mittleren C.

Mit jedem Wirbel stimmt man eine Saite.

VIOLONCELLO
Das Cello oder Violoncello ist ein tiefes Instrument. Die Saiten sind eine Oktave tiefer gestimmt als die der Viola. Der Cellist sitzt beim Spielen, das Instrument ruht auf einem Metallstachel. Das Cello ist sehr ausdrucksstark. Die hohe A-Saite hat einen wundervollen, singenden Ton.

Der französische Baßbogen wird wie ein Violin- oder Cellobogen gehalten.

Der deutsche Baßbogen hat einen großen Frosch (S.33) und wird mit nach außen gerichteter Handfläche gehalten, während der Daumen auf den Bogen drückt.

KONTRABASS
Von der Schnecke bis zum Stachel mißt das größte Mitglied der Violinenfamilie 1,90 m. Der Bassist steht beim Spielen hinter dem Instrument. Dieser Baß hat abfallende Schultern wie die Baßgambe (S.29), aber es gibt auch Bässe in Violinform. Manche haben eine fünfte Saite. Die Töne eines gezupften Kontrabasses sind tief und nachhallend. Auf diese Art wird er gern als Rhythmusinstrument im Jazz und in der Volksmusik gespielt.

Das f-förmige Schalloch ist typisch für die Violinenfamilie.

Frosch

Stachel, auf dem das Cello ruht

Geigenbau

Der Bau einer guten Geige ist eine wahre Kunst, weil das Instrument in sorgfältiger Handarbeit hergestellt wird. Sorgfältige Auswahl der Materialien, Vorbereitung, Fertigstellung und Zusammenbauen der Einzelteile in monatelanger mühevoller Arbeit ergeben ein Instrument von großer Schönheit, sensibel für die Kunstfertigkeit des Geigers. Die Schwingungen der Saiten werden vom Steg auf den Resonanzkörper übertragen, verteilen sich gleichmäßig und ergeben die typischen hellen, klaren Geigentöne.

Die Methoden der Geigenbaukunst haben sich seit dem 18. Jahrhundert kaum verändert.

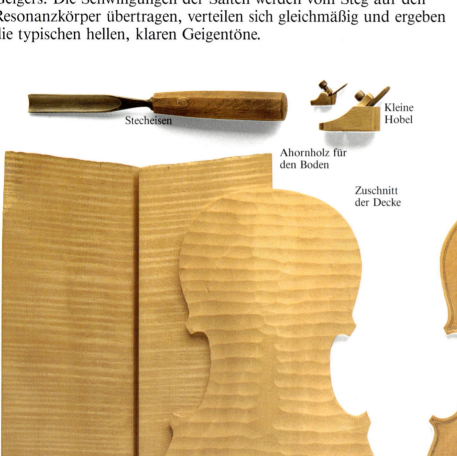

Stecheisen

Kleine Hobel

Ahornholz für den Boden

Zuschnitt der Decke

Adergraben

Aderstreifen aus verschiedenen Hölzern

ZUSCHNITT DES KORPUS

Das Holz für den Geigenkorpus wird wie Tortenstücke aus dem Baumstamm herausgeschnitten. Es muß zugleich fest und elastisch sein, um dem Instrument seinen strahlenden Klang zu verleihen. Für die Decke des Korpus wählt man ein weiches Holz wie Kiefer, Fichte oder Tanne, für den Boden ein hartes Holz, oftmals Ahorn. Für Decke und Boden verleimt man jeweils zwei Bretter in der Mitte. Die Umrisse werden mit Hilfe eines Modells auf das Holz gezeichnet und mit einer feinen Säge vorsichtig ausgeschnitten. Mit einem Stecheisen wird die Wölbung ausgestochen. Der Geigenbauer glättet die Oberfläche von Decke und Boden mit kleinen Hobeln. Der kleinste ist nur so groß wie ein Daumennagel. Maßarbeit ist notwendig, weil schon die kleinsten Abweichungen von den vorgegebenen Maßen den Klang beeinträchtigen können. Decke und Boden sind in der Mitte leicht gewölbt und zu den Rändern abgeflacht.

VEREDELUNG DES KORPUS

Mit einem Spezialwerkzeug wird eine Rinne, der Adergraben, am Rand der Decke ausgestochen. Eine dünne Holzeinlage, der Aderstreifen, wird in den Adergraben gelegt. Die Einlage besteht aus weißem Ahorn und dunklem Birnbaumholz. Sie dient gleichzeitig als Schmuck und zur Stabilisierung des Randes. Decke und Boden werden nun auch auf der Innenseite bearbeitet. Die Decke ist schließlich 3 mm stark, während der Boden in der Mitte etwas dicker ist.

Harfen und Leiern

Harfen und Leiern gelten oft als himmlische Instrumente. Engel tragen meist Harfen. In der griechischen Mythologie bezauberte Orpheus mit seiner Leier Menschen, Tiere und Pflanzen. Harfen und Leiern sind in der Tat antiken Ursprungs, und sie sind auf der ganzen Welt verbreitet. Grundsätzlich bestehen sie aus Saiten, die in einen Rahmen gespannt sind. Sie haben sich möglicherweise aus dem Jagdbogen entwickelt. Bei der Leier sind die Saiten gleichlang, bei der Harfe besitzen sie verschiedene Längen. Die Saiten lassen verschiedene Töne erklingen, und oft werden sie in einer Tonleiter angeordnet. Die elegante Konzertharfe, deren Klang so himmlisch erscheint, ist sehr schwer zu spielen; sie hat 47 Saiten und sieben Pedale zum Umstimmen der Saiten.

ALTE LEIER
Leiern wie diese auf der "Standarte von Ur", wurden von den Sumerern (im heutigen Irak) schon 2500 v.Chr. gespielt.

Die Leier des Poeten
Die Leier der griechischen Antike überlebte in der *Bagana*, einer kastenförmigen Leier aus Äthiopien und seinen Nachbarstaaten. Die königliche Familie und reiche Adlige spielen sie zur Begleitung ihrer Dichtkunst. Die sechs Saiten werden durch Drehen der Hebel am oberen Querjoch gestimmt und mit einem Plektrum gezupft. Sie verlaufen über einen Steg auf dem lederüberzogenen Resonanzkasten.

Holzrahmen mit kunstvollen Schnitzereien

Steg

Der lederbezogene Resonator ist mit Radierungen verziert.

BEZAUBERNDER KLANG
Dieses Mosaik (3. Jh.) aus Tarsus (Türkei) zeigt Orpheus, der die wilden Tiere mit seinem Leierspiel bezaubert. Einer griechischen Sage zufolge beeindruckte Orpheus' Spiel die Götter der Unterwelt, und sie erlaubten ihm, seine Frau Eurydike von den Toten zurückzuholen, vorausgesetzt, er sehe sie nicht an, bevor sie die Unterwelt verlassen hätten. Orpheus konnte nicht widerstehen und verlor sie für immer.

NATIONAL-SYMBOL
Die Harfe der abendländischen Musik ist eine Rahmenharfe. Eine Säule verbindet Schallkasten und Hals, an dem die Saiten befestigt sind. Die irische Harfe mit ihrer gebogenen Säule entwickelte sich bereits vor ungefähr 1000 Jahren und war im Mittelalter sehr populär. Diese feine, tragbare Harfe wurde 1820 von John Egan in Dublin gebaut. Er leitete damit die Renaissance der alten Harfentradition in Irland ein. Das Instrument hat Darmsaiten und ist in den irischen Nationalfarben grün mit goldenen Kleeblättern bemalt. Die Harfe hat sieben Tasten zum Umstimmen der Saiten.

HARFENUNTERRICHT
Dieses Gemälde eines französischen Künstlers aus dem späten 18. Jahrhundert zeigt zwei Damen beim Harfenunterricht.

MUSIKALISCHE GRABINSCHRIFT
Beweis für den antiken Ursprung der bogenförmigen Harfe ist diese ägyptische Wandmalerei in der Grabstätte Rechmires im Tal der Könige in Theben.

GLÄSERNES BOOT
Diese wunderschöne Harfe ist ähnlich gebaut wie die ägyptische Bogenharfe, die bereits vor mehr als 4000 Jahren bekannt war. Bogenharfen gibt es heute noch in Asien und Afrika. Diese Harfe heißt *Saung-gauk*, und ist ein zeitgenössisches Nationalinstrument Birmas. Sie ist aus Holz hergestellt und mit Glas und Gold verziert. Der Korpus hat auf der Oberseite vier Schallöcher, die 13 Saiten sind am Hals befestigt. Der Spieler hält die Harfe mit nach vorne gerichtetem Hals auf dem Schoß.

Leise Lautenklänge

Schon seit über 4000 Jahren bekannt und somit die älteste Vorgängerin von Violine und Gitarre ist die Laute. Sie wird wie die Gitarre gezupft und hat auch meist acht Bünde wie diese. Sie unterscheidet sich von der Gitarre hauptsächlich durch ihren charakteristischen halb-birnenförmigen Korpus. Alte Lauten sind an ihrer großen Saitenzahl -bis zu 13 Paar- zu erkennen. Die vielen Saiten mit nur vier Fingern zu spielen kann sehr schwierig sein, und der Lautenist verbringt manchmal mehr Zeit mit dem Stimmen als mit dem Spielen seines Instruments. Dies ist einer der Gründe dafür, daß die Laute seit über 200 Jahren aus der europäischen Musik verschwunden ist.

Musiker des 17. Jahrhunderts mit einer *Colascione*.

EIN MUSIKALISCHES TIER
Charango heißt eine kleine südamerikanische Laute, deren Korpus aus dem Panzer eines Gürteltiers gefertigt ist. Das Instrument kommt aus Bolivien und hat fünf Saitenpaare. Das Gürteltier unterliegt heute dem Artenschutz, und die meisten modernen *Charangos* sind aus Holz.

Europäische Laute mit gewölbtem Boden (15. Jh.)

ARABISCHE AHNEN
Die klassische Laute entstand aus der *Ud*, einer arabischen Laute, die im 13. Jahrhundert nach Europa kam. Diese marokkanische *Ud* ist etwa 40 Jahre alt. Der Wirbelkasten ist s-förmig, der Korpus tiefer und der Hals kürzer als bei der europäischen Renaissancelaute des 15. und 16. Jahrhunderts.

NACH HINTEN GENEIGT
Lauten haben mehr oder weniger stark nach hinten geneigte Wirbelkästen und z.T. Doppelsaiten statt einzelner Saiten.

Der Panzer des Gürteltiers wurde in einer Form getrocknet.

Sechsbinden-Gürteltier

Fünf leere Baßsaitenpaare

Sechs Saitenpaare und zwei Einzelsaiten

HÖCHST GESPANNT
Diese deutsche Barocklaute wurde von Johann Christian Hoffmann, einem Freund J.S.Bachs, im 18. Jahrhundert gebaut. Es ist eine besondere Ausführung der Baßlaute oder Theorbe mit zwei Wirbelkästen. Die Laute hat 14 Spielsaiten und 10 leere Baßsaiten. Sie wurde in der Barockmusik zum Continuospiel (Baß und Akkordbegleitung) verwendet.

Oft diente die Laute zur Gesangsbegleitung.

Separater Wirbelkasten für die Baßsaiten

Wirbelkasten für die Spielsaiten

KEIN STUMMER FISCH
Volkslauten wie dieses ungewöhnliche, fischförmige Instrument, sind oft flacher als die klassischen Lauten. Diese *Rajao*, eine portugiesische Laute mit fünf Saiten, kommt aus Madeira, wo sie im 19. Jahrhundert gebaut wurde.

Fünf Wirbel im Schwanz des Fisches

Griffbrett mit Bünden

Herzförmiges Schalloch

Der fischförmige Korpus ist nicht so bauchig wie bei der klassischen Laute.

Zargen aus Sandelholz, Maulbeer- oder Quittenholz

Decke und Boden aus Katzenfell

LANGER HALS
Das *Samisen* ist eine in Japan oft gespielte Langhalslaute. Die Musik zu den traditionellen Stücken des *Kabuki*-Theaters wird auf dem *Samisen* gespielt. Die drei Saiten können auf verschiedene Arten gestimmt sein. So gibt es etwa eine Stimmung für die Musik zu Komödien. Der Spieler zupft die Saiten mit einem Knochenplektrum, dem *Bachi*. Er schlägt damit auch auf die Decke aus Katzenfell. Dieses Schlagfell ist mit Pergament verstärkt.

DREI SAITEN
Eine mongolische Frau in traditioneller Tracht spielt das *Sanhsien*, eine dem japanischen Samisen entsprechende chinesische Laute. Der Name bedeutet "drei Saiten".

Wirbel

RUSSISCHE KLÄNGE
Die russische *Balalaika* hat einen dreieckigen Korpus mit flachem Boden und drei Saiten. Der Wirbelkasten dieser *Balalaika* stellt zwei Pferdeköpfe dar. Andere Volkslauten sind die Mandoline aus Italien oder die *Busuki* aus Griechenland. Eine Melodie wird oft durch schnelles, wiederholtes Anschlagen einer Saite gespielt.

Drei Saiten aus Seide oder Nylon

Drei Saiten

Knochenplektrum

MUSIK IM TEEHAUS
Hier wird eine japanische Teezeremonie von Lautenmusik begleitet, vom *Samisen* (links) und der kurzhalsigen *Biwa* (Mitte), die aus der chinesischen *Pipa* entstand, die vor über tausend Jahren nach Japan kam.

Zartbesaitet

Für eine Erdzither, wie sie in Afrika und in Südostasien gebaut wird, benötigt man nur wenig Material; man gräbt eine kleine Grube in die Erde und spannt eine Saite darüber. Schlägt man die Saite an, dient die Luft in der Grube als Resonator, es erklingt ein Ton. Alle Zithern, deren Saiten über einen Resonanzkasten gespannt sind, beruhen auf diesem Prinzip. Der Resonator verstärkt die Schwingungen der Saiten. Zithern sind in der Volksmusik sehr beliebt, und in China wurde die *Chin*-Zither einst hochgeschätzt und regte sogar philosophische Überlegungen an. Auf einer Zither mit entsprechend vielen Saiten kann man eine Melodie gleichzeitig begleiten. Ein Griffbrett und Bünde ermöglichen es, auf einigen Saiten Melodien zu spielen, während die leeren Saiten zur Begleitung gedacht sind.

Die Streifen schwingen zwischen zwei Stegen.
Rohrstege
Kürbisresonator

STREIFEN ALS SAITEN
Bei dieser Floßzither aus Nigeria sind Streifen aus Bambusrohren des "Floßes" als Saiten herausgeschnitten.

Unter den Rosetten aus Elfenbein befinden sich die Schalllöcher.
Stege
Wirbel
Feine hölzerne Klöppel zum Anschlagen der Saiten

WÖLBBRETTZITHER
Die 13 Saiten des *Koto*, der klassischen Zither Japans, werden mit beiden Händen gespielt und haben einen sehr ausdrucksstarken Klang.

Stimmschlüssel aus Metall

IMPORTIERTES INSTRUMENT
Das *Yang-chin* (="fremde Zither") wurde vor mehr als 200 Jahren aus der westlichen Welt nach China eingeführt. Jede der 14 Saiten erzeugt einen hohen und einen tiefen Ton, je nachdem auf welcher Seite des Steges sie angeschlagen wird.

ALT UND NEU
Diese chinesische Zither, ein *Chin*, wurde im 19. Jahrhundert gebaut, doch ihre klassische Form mag wohl über 3000 Jahre alt sein. Die kleinen Perlmuttscheiben markieren die Griffpositionen für die sieben Saiten.

Perlmuttscheibchen

Das gewölbte Brett ist mit Mustern eines Schildkrötenpanzers bemalt.

MUSIKALISCHER STAB
An dieser einfachen Stabzither, der *Nzeze* aus Uganda, wird das Prinzip sämtlicher Zupfinstrumente deutlich. Eine Saite wird an beiden Enden des Stabs befestigt. Durch Zupfen der Saite mit der Hand gerät sie in Schwingung. Der hohle Kürbis dient als Resonator, es erklingt ein Ton. Drückt man die Saite mit einem Finger gegen einen Bund, wird sie verkürzt, die Tonhöhe verändert sich.

MITTELALTERLICHE ZITHER
Das Psalterium war eine mittelalterliche Zither mit verschieden langen Saiten. Es wurde in den ungewöhnlichsten Formen gebaut, manchmal sogar in der Form eines Schweinskopfes. Es entwickelte sich aus dem *Qanun*, einer Zither des Nahen Ostens, die im 11. Jahrhundert nach Europa kam.

LAUTENÄHNLICHE ZITHER
Die *Bandura*, ein traditionelles Instrument aus der Ukraine, verbindet Merkmale von Zither und Laute (S.36). Sie hat Spielsaiten, die auf einem doppelten Griffbrett gegriffen werden, sowie mehrere Begleitsaiten. Dieses 1945 gebaute Instrument ist mit Intarsien und Schnitzereien verziert.

KLINGENDES ROHR
Madagaskar ist die Heimat dieser einfachen Rohrzither, der *Valiha*. Sie wird aus einem Stück Bambusrohr gemacht, aus dessen Rinde die Saiten herausgeschnitten werden. Die Bambusstreifen werden an den beiden Enden des Rohres nicht abgeschnitten. Hier schiebt man kleine Holzstückchen als Stege unter. Der Spieler hält die *Valiha* aufrecht oder unter dem Arm und zupft die gespannten Saiten mit den Fingern. Derartige Röhrenzithern gibt es auch in Südostasien.

Indische Saiteninstrumente

Die klassische Musik Indiens und Pakistans ist geprägt von den schimmernden Klängen ihrer Instrumente. Für westliche Augen sehen diese wunderschönen Instrumente genauso exotisch aus wie sie klingen. Vom steten Rhythmus der *Tabla* (S.51) voran getrieben, bewegt sich die Musik in endlosen Bögen, welche die ornamentalen Verzierungen der Instrumente widerzuspiegeln scheinen. Obwohl sie ganz anders aussehen, sind die indischen Saiteninstrumente im Prinzip auch Zithern, Lauten und Fideln. Das Schimmern ihres Klangs wird durch Resonanzsaiten erzeugt, die man bei vielen indischen Instrumenten findet. Diese Resonanzsaiten sind unabhängig von den Spielsaiten. Sie werden nicht gezupft oder gestrichen, sondern schwingen von alleine mit, wenn auf den anderen Saiten des Instruments gespielt wird.

Ein Wina-*Spieler*

KLÄNGE DER GELEHRSAMKEIT
Die *Wina* gleicht einer komplizierten Stabzither (S.39), aber sie gehört zur Gruppe der Lauten. Diese *Wina* aus dem 19. Jahrhundert mit ihren beiden verzierten Kürbisresonatoren stammt aus Nordindien. Dort heißt das Instrument *Bin*. Es wird mit Saraswati, der Göttin der Gelehrsamkeit, in Verbindung gebracht. Vier der sieben Saiten werden auf den Bünden gegriffen. Drei Bordunsaiten dienen zur Begleitung der Melodie.

HOHE TÖNE
Man kann die *Wina* zum Spielen über die Schulter legen.

- Bemaltes Bambusrohr
- Wirbel
- Ausgehöhlter Kürbis als Resonator
- Bünde
- Wirbel für die Resonanzsaiten unter den Bünden
- Bordunsaite
- Ausgehöhlter Kürbis
- Die Wölbung des Resonators besteht aus einem Kürbis.

VOGELGESANG
Diese Langhalslaute, die *Sitar,* hat sieben über gewölbte Metallbünde verlaufende Spielsaiten. Die Bünde erlauben dem Spieler, durch Ziehen an den Saiten die Tonhöhe schwanken zu lassen.

DER KLANG INDIENS
Durch Musiker wie Ravi Shankar wurde die *Sitar* in der westlichen Welt zum bekanntesten Musikinstrument Indiens. Das Bild eines indischen Musikers, der zum Spielen der *Sitar* auf dem Boden sitzt, ist uns schon vertraut.

Hölzerne Wirbel

GEGENSTRÖMUNG
Die *Tambura* ist wie die *Sitar,* die sie in der klassischen Musik Indiens begleitet, eine Langhalslaute. Unter dem wirbelnden melodischen Fluß der *Sitar* spielt die *Tambura* einen steten Bordunton. Die Malereien auf dem Instrument stellen Rama und seine Frau Sita dar, die Figuren eines alten hinduistischen Epos.

Wirbel entlang des gesamten Halses

Elfenbeinsteg

STOLZ WIE EIN PFAU
Dieses Instrument, die *Dilruba,* ist eine wunderschöne Fiedel, die mit einem Bogen gespielt wird. Sie hat den Korpus einer *Sarangi* und Hals und Saiten einer *Sitar.* Der Resonanzkasten sieht aus wie ein Pfau. Die Fiedel heißt deshalb auch *Mayuri* oder *Ta'us,* was beides Pfau bedeutet. Instrumente wie dieses trugen einst zum Glanz der indischen Prinzenhöfe bei.

Dieser Musiker spielt eine der *Sarangi* ähnliche Fidel.

Pfauenfedern schmücken das Instrument.

Eingebuchteter Korpus aus einem einzigen Stück Holz

Zum Auswechseln der Saiten kann man den Hals des Pfaus abnehmen.

Bemalter Korpus

SCHLANKE TAILLE
Diese indische Fidel ist eine *Sarangi.* Sie wird aufrecht gehalten und mit einem Bogen gestrichen. Durch Löcher im breiten Griffbrett verlaufen Resonanzsaiten.

Bau einer Gitarre

Die akustische Gitarre ist so eng mit Spanien verbunden, daß sie oft Spanische Gitarre genannt wird. Der Flamenco, die Volksmusik Spaniens, ist nicht nur für temperamentvolle Tänze bekannt, sondern auch für aufregende Gitarrenmusik. Das Instrument mit seinem achtförmigen Korpus ist wahrscheinlich aus Nordafrika nach Spanien gekommen und stammt möglicherweise von den Lauten (S.36) ab. Schon im 17. Jahrhundert wurde die Gitarre in ganz Europa gespielt. Heute sind akustische und elektrische Gitarren in der ganzen Welt verbreitet und bestimmen die Popmusik ebenso wie die Volksmusik in Amerika und Europa.

Dieses Portrait eines spanischen Gitarristen aus dem 19. Jahrhundert zeigt bereits das Instrument in seiner heutigen Form.

Der Oberklotz verbindet Hals und Korpus.

DIE KLASSISCHE GITARRE
Dies ist die klassische Form der Gitarre. Sie hat sechs Saiten, meist aus Nylon, und einen breiten Hals. Die heutige Form geht zurück bis in die Mitte des 19. Jahrhunderts, als die Gitarre von dem spanischen Instrumentenbauer Antonio de Torres Jurado vervollkommnet wurde. Bei Gitarren, die in der Popmusik gespielt werden, ist die Decke oft zu ihrem Schutz mit einer Handplatte versehen.

Resonanzboden mit Deckenbalken

Form

Entlang der Zargenränder werden hölzerne Reifchen geleimt.

HERSTELLUNG DES RESONANZBODENS
Der wichtigste Teil der Gitarre ist der Resonanzboden, die Decke des Korpus. Die Decke wird aus zwei Teilen aus Kiefern- Tannen- oder Zedernholz gemacht. Die Teile werden verleimt, die Form der Decke wird zugeschnitten. Manchmal wird der Resonanzboden auch aus mehreren Holzlagen gefertigt. Zur Stabilisierung werden auf die Innenseite Streben geleimt, die auch den Klang der Gitarre beeinflussen. Die Zargen aus zwei Streifen Palisander, Walnuß, Mahagoni oder Ahorn werden erhitzt und in einer Form gebogen. Ober- und Unterklotz und die hölzernen Reifchen dienen zur Befestigung der Decke und anderer Teile.

Schlaggitarre mit breitem Korpus   Klassische Gitarre

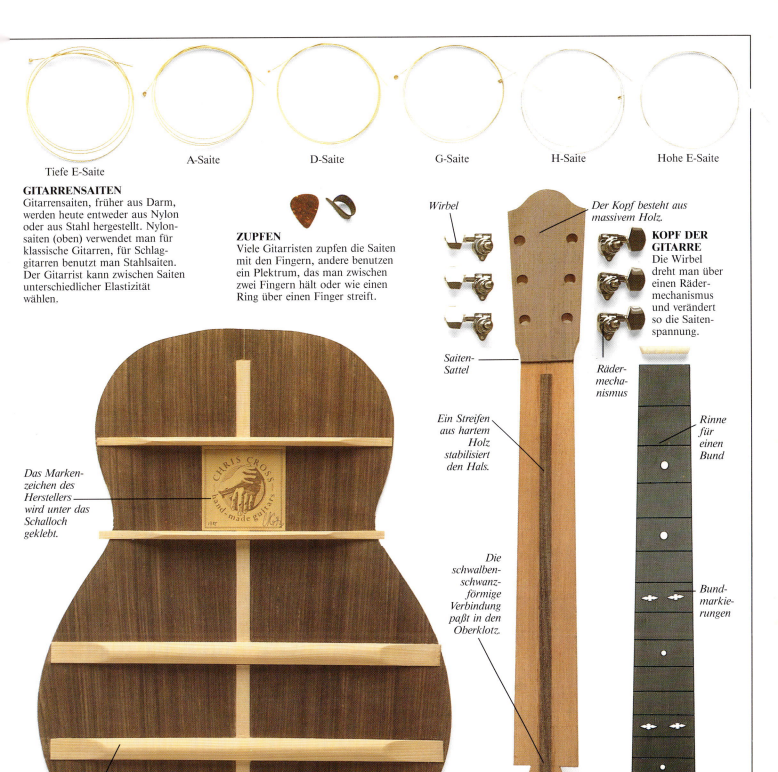

Tiefe E-Saite A-Saite D-Saite G-Saite H-Saite Hohe E-Saite

GITARRENSAITEN
Gitarrensaiten, früher aus Darm, werden heute entweder aus Nylon oder aus Stahl hergestellt. Nylonsaiten (oben) verwendet man für klassische Gitarren, für Schlaggitarren benutzt man Stahlsaiten. Der Gitarrist kann zwischen Saiten unterschiedlicher Elastizität wählen.

ZUPFEN
Viele Gitarristen zupfen die Saiten mit den Fingern, andere benutzen ein Plektrum, das man zwischen zwei Fingern hält oder wie einen Ring über einen Finger streift.

Wirbel

Der Kopf besteht aus massivem Holz.

KOPF DER GITARRE
Die Wirbel dreht man über einen Rädermechanismus und verändert so die Saitenspannung.

Saiten-Sattel

Rädermechanismus

Das Markenzeichen des Herstellers wird unter das Schalloch geklebt.

Ein Streifen aus hartem Holz stabilisiert den Hals.

Rinne für einen Bund

Die schwalbenschwanzförmige Verbindung paßt in den Oberklotz.

Bundmarkierungen

Bodenbalken zur Stabilisierung

DER HALS
Der Hals, meist aus Mahagoni oder Zeder, ist hier von unten zu sehen.

FERTIGSTELLUNG DES KORPUS
Der Boden des Korpus (oben) wird aus dem gleichen Holz wie die Zargen gemacht, aber die Qualität dieses Holzes muß nicht so hoch sein wie die des Deckenholzes. (Torres baute einmal eine Gitarre, die bis auf die Decke aus Pappmaché hergestellt war aber einen überraschend guten Klang hatte.) Der Hals wird mit einer schwalbenschwanzförmigen Verbindung in den Oberklotz eingepaßt und verleimt. Eine dekorative Randeinlage aus Holz- oder Kunststoff schützt die abgerundeten Kanten des Korpus.

Der Steg wird auf der Decke befestigt.

GRIFFBRETT UND STEG
Für Griffbrett und Steg der Gitarre wird meist Ebenholz verwendet.

Stegstift

Piano und Forte

Eine große Anzahl von Saiten wie bei der Zither (S. 38) mit den Fingern direkt zu spielen, kann recht schwierig sein. Im 15. Jahrhundert wurden die geplagten Finger durch Saiteninstrumente mit Tastaturen, wie sie schon lange bei Pfeifenorgeln benutzt wurden, entlastet. Es entstanden völlig neue, ausdrucksstarke Saiteninstrumente, die sich in der Hausmusik großer Beliebtheit erfreuten. Bei Spinett, Virginal und dem größeren Cembalo steuerten die Tasten einen Mechanismus zum Zupfen der Saiten. Die beschränkte Lautstärke dieser Instrumente führte schließlich zur Erfindung des Pianoforte, einem Tasteninstrument, das die Tasten anschlug und sowohl laut als auch leise, auf italienisch *piano* und *forte*, spielen konnte.

Mit dem Registerzug betätigt man den Dämpfer.

Vibrierende Saite

Docke

Taste

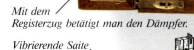
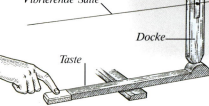
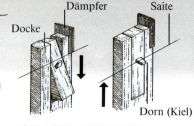

DRÜCKEN DER TASTE
Drückt man eine Taste des Spinetts, Virginals oder Cembalos nieder, reißt der Dorn an der hölzernen Docke die Saite an.

LOSLASSEN DER TASTE
Der Dorn wird an der Saite vorbeigeführt, der Dämpfer senkt sich.

EIN BEMALTES VIRGINAL
Dieses Gemälde des holländischen Künstlers Vermeer aus dem 17. Jahrhundert zeigt ein junges Mädchen an einem Virginal. Im Deckel des wundervoll dekorierten Instruments ist ein Landschaftsgemälde zu sehen. In dem rechteckigen Gehäuse verlaufen die Saiten parallel zur Tastatur.

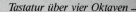

Tastatur über vier Oktaven

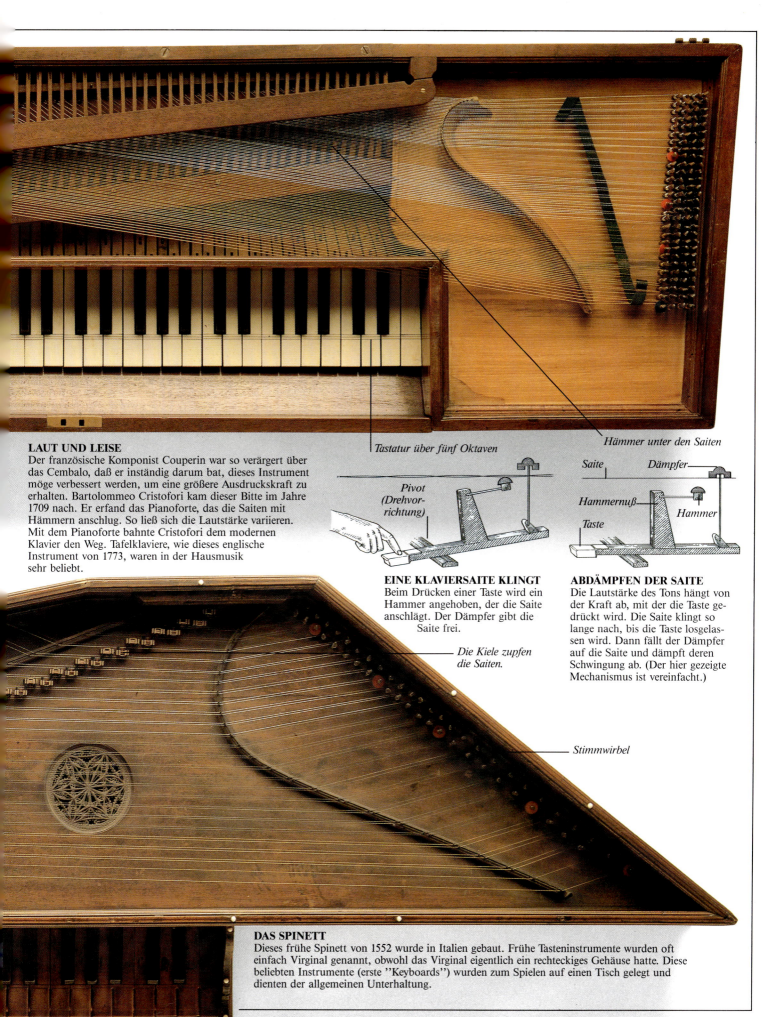

Tastatur über fünf Oktaven

Hämmer unter den Saiten

LAUT UND LEISE
Der französische Komponist Couperin war so verärgert über das Cembalo, daß er inständig darum bat, dieses Instrument möge verbessert werden, um eine größere Ausdruckskraft zu erhalten. Bartolommeo Cristofori kam dieser Bitte im Jahre 1709 nach. Er erfand das Pianoforte, das die Saiten mit Hämmern anschlug. So ließ sich die Lautstärke variieren. Mit dem Pianoforte bahnte Cristofori dem modernen Klavier den Weg. Tafelklaviere, wie dieses englische Instrument von 1773, waren in der Hausmusik sehr beliebt.

EINE KLAVIERSAITE KLINGT
Beim Drücken einer Taste wird ein Hammer angehoben, der die Saite anschlägt. Der Dämpfer gibt die Saite frei.

Pivot (Drehvorrichtung)

ABDÄMPFEN DER SAITE
Die Lautstärke des Tons hängt von der Kraft ab, mit der die Taste gedrückt wird. Die Saite klingt so lange nach, bis die Taste losgelassen wird. Dann fällt der Dämpfer auf die Saite und dämpft deren Schwingung ab. (Der hier gezeigte Mechanismus ist vereinfacht.)

Saite — *Dämpfer*
Hammernuß
Hammer
Taste

Die Kiele zupfen die Saiten.

Stimmwirbel

DAS SPINETT
Dieses frühe Spinett von 1552 wurde in Italien gebaut. Frühe Tasteninstrumente wurden oft einfach Virginal genannt, obwohl das Virginal eigentlich ein rechteckiges Gehäuse hatte. Diese beliebten Instrumente (erste "Keyboards") wurden zum Spielen auf einen Tisch gelegt und dienten der allgemeinen Unterhaltung.

Musikalische Vielfalt

Der Komponist und Virtuose Franz Liszt, 1824

Kein anderes Soloinstrument hat die Kraft des Pianos, das so bereitwillig dem Spiel der Finger folgt. Die Spieltechnik des Instruments, mit jedem Finger einen anderen Ton entweder laut oder leise zu spielen, eröffnet dem Pianisten eine Vielzahl von Ausdrucksmöglichkeiten. Darüber hinaus kann er solistisch oder mit Konzertbegleitung musizieren. Auch in der Popmusik und im Jazz spielt das Klavier eine wichtige Rolle als Solo- oder als Begleitinstrument. Konzertflügel sind die besseren Klaviere, jedoch ist das aufrechtstehende Klavier oder Pianino weiter verbreitet, weil es weniger Raum einnimmt und nicht so teuer wie ein Flügel ist. Ein gutes Pianino sollte jedoch trotz seiner geringen Größe einem Flügel in seinem Klang nicht nachstehen.

Die Baßtöne werden von dicken Einzelsaiten erzeugt, die genauso lang wie die dünnen Saiten im mittleren Bereich sind.

Hölzerne Verkleidung

Resonanzboden aus Fichte, Tanne oder ähnlichem Holz

Diskant: jeder Ton hat drei Saiten, damit er lauter klingt.

MUSIK IM SALON
Das Klavier war besonders im letzten Jahrhundert beliebt, bevor Schallplatte und Radio die Musik ins Haus brachten. Die Menschen versammelten sich zum gemeinsamen Singen um das Klavier, und in Gasthäusern gab es Klaviere, so wie es heute in Hotels Farbfernsehgeräte gibt.

DIE VERKLEIDUNG
Der Flügel von 1878 ist im Stil der Zeit verziert, doch seine äußere Form hat sich seit der Erfindung des Pianos 1709 nicht verändert. Links (Baßsaiten) ist der Flügel lang, rechts (Diskantsaiten), ist er kurz.

HOCHSPANNUNG
Klaviere besitzen einen Stahlrahmen, auf dem die Saiten stark gespannt sind. Das Drücken einer Taste löst einen filzbezogenen Hammer aus, der eine Saite anschlägt. Die Schwingung der Saite wird auf den Resonanzboden übertragen, der charakteristische Klavierklang entsteht.

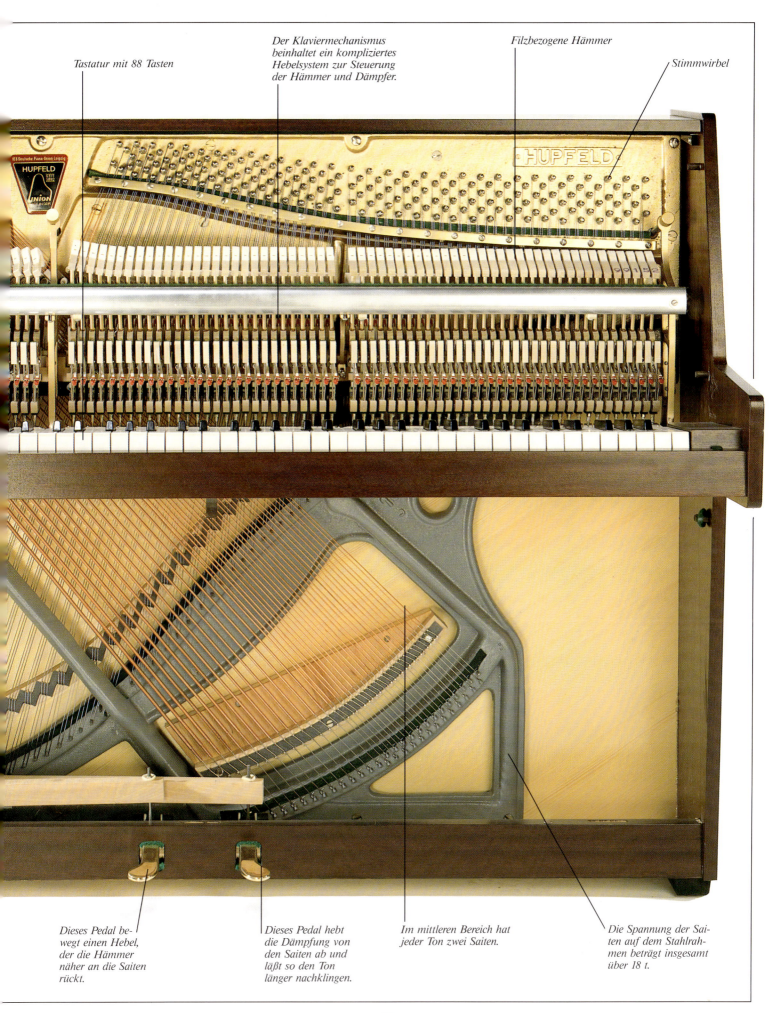

Geschlagene Musik

Vielen Musikinstrumenten muß man ihre Töne entlocken: eine Geige muß geschickt gehandhabt, eine Flöte einfühlsam geblasen werden. Perkussionsinstrumente funktionieren ganz anders. Man schlägt, schüttelt oder reibt sie, und sie klingen. Doch diese Instrumente wirklich zu beherrschen ist nicht ganz so einfach.

Um den erwünschten Klang zu erzeugen, ist genau das richtige Maß an Kraft erforderlich. Das gespannte Fell einer Trommel muß schwingen, um die Luft im Trommelkessel zum Klingen zu bringen. Ein kleineres oder ein stärker gespanntes Fell erzeugt einen höheren Ton. Es ist das gleiche Prinzip wie bei der gespannten Saite (S.26-27). Orchester- oder Kesselpauken werden so auf bestimmte Töne gestimmt. Bei anderen Schlaginstrumenten kann der ganze Korpus schwingen, um Klänge zu erzeugen, wie z.B. bei Becken und Rasseln. Außerdem gibt es Perkussionsinstrumente mit Klangplatten wie das Xylophon oder mit Glocken unterschiedlicher Größe, auf denen man verschiedene Töne spielen kann.

VIBRATIONSMUSTER
Schlaginstrumente erzeugen durch ihre Vibration Klänge. Wird ein solches Instrument angeschlagen, so schwingt es oft in komplizierten Mustern, die schwer zu messen sind. Die abgebildeten Vibrationsmuster sind Computerbilder und stellen die Schwingung eines gespannten Fells wie etwa bei einer Trommel dar. Die gesamte Sequenz läuft innerhalb eines Sekundenbruchteils ab. Die mittlere Ebene des schwingenden Fells ist grün dargestellt. Teile des Fells unter dieser Ebene sind blau, Teile darüber rot. Im ersten Bild wird das Trommelfell in der Mitte angeschlagen. Eine Welle breitet sich kreisförmig aus, wie wenn man einen Stein in ein Wasserbecken wirft. Die Welle wird nun von den Rändern zurückgeworfen, wo das Fell am Fellreifen eingespannt ist. Das Vibrationsmuster wird so immer komplexer, und verschiedene Schwingungen überlagern sich gegenseitig.

Die Ränder des Beckens vibrieren so schnell, daß man sie nur verschwommen sieht.

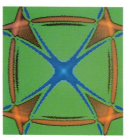
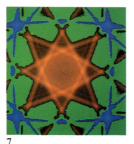

SCHWINGENDES BECKEN

Das Becken, eine dünne Scheibe aus Bronze, wird in der Mitte aufgehängt, so daß die Ränder frei schwingen können. Schlägt man das Becken mit einem Stock an, erzeugt es einen krachenden Klang. Durch den Schlag verzieht sich die Metallscheibe, doch da sie elastisch ist, springt sie sogleich in die Ausgangsstellung zurück. So wird das gesamte Becken in Schwingung versetzt, ähnlich wie ein Trommelfell (links). Es dauert einige Zeit, bis die Schwingung abklingt. Anschlagen des Beckens an verschiedenen Stellen erzeugt unterschiedliche Klänge (unterschiedliche Vibrationsmuster).

Die dünne Bronzescheibe wird in der Mitte aufgehängt.

Rituelle Rhythmen

Um den Hals gehängte afrikanische Trommel

Unabhängig von der körperlichen Kraft, die das Schlagen einer Trommel erfordert, hat ihre Musik oft eine ganz eigene Energie, einen vorwärtsdrängenden rhythmischen Drive. Sie veranlaßt Menschen zu rhythmischen Bewegungen, zum Händeklatschen oder Füßestampfen. Rasseln und Klappern peitschen die musikalische Energie noch mehr auf. Trommeln und Rasseln haben daher schon immer eine wichtige Rolle in rituellen Zeremonien gespielt, und mit "sprechenden" Trommeln kann man sogar Botschaften übermitteln.

KLAPPERTROMMELN
Diese Instrumente sind halb Trommeln, halb Rasseln. Dreht man sie schnell hin und her, wirbeln Kügelchen (Glasperlen, Wachskügelchen, Knoten) herum und erzeugen auf dem Fell ein klapperndes Geräusch. Das chinesische *T'ao-ku* mit den fünf Trommeln war schon vor über 3000 Jahren bekannt. Das andere Instrument kommt aus Indien. Klappertrommeln sind in Asien weit verbreitet. Sie dienen als Spielzeuge, und die Straßenhändler erregen damit die Aufmerksamkeit der Kunden.

Indische Klappertrommel

Chinesische Klappertrommel

Ein Junge spielt zwei konische afrikanische Trommeln.

Hölzerner Körper mit Intarsien aus Schildpatt und Perlmutt

TANZRHYTHMUS
Der *Tabor* war die meist verbreitete Trommel im mittelalterlichen Europa. Er diente oft dazu, einen Tanz anzuführen. Mit einer Hand hielt der Musiker den Trommelstock, mit der anderen spielte er Flöte.

MARSCHTROMMELN
Trommeln in Militärkapellen spielen einen konstanten Rhythmus zum Marschieren. Sie werden an einem Gurt über der Schulter getragen, so daß der Trommler marschieren kann.

Die Trommel wird mit den Händen oder einem gebogenen Stock gespielt.

Durch Drücken der Verschnürung wird die Spannung der beiden Felle erhöht, und es erklingen höhere Töne.

TRINKTROMMELN
Bei Bechertrommeln, einfelligen Instrumenten in Form eines Trinkgefäßes, wie dieser ägyptischen *Darabukka*, besteht der Trommelkörper aus Holz oder Ton. Die Trommel wird mit beiden Händen in der Mitte und an den Rändern des Fells geschlagen.

SCHLAGWORTE
Diese *Kalungu* aus Nigeria kann "sprechen". Der Trommler kann die Tonhöhe dieser sanduhrförmigen Trommel verändern, indem er auf die Verschnürung drückt, und so den Klang afrikanischer Tonsprachen nachahmen.

JAPANISCHE TROMMEL
Die *Tsuzumi*, eine kleine sanduhrförmige Trommel aus Japan hält man mit einer Hand an der Verschnürung fest; eine Veränderung der Spannung ergibt unterschiedliche Töne.

Rasseln

Einfaches Schütteln bringt eine Rassel zum Klingen. Viele Kulturen verwenden Rasseln bei rituellen Zeremonien, oftmals zur Tanzuntermalung. Manche Rasseln sind einfache Ketten von kleinen, harten Gegenständen wie Muscheln, andere mit Kieselsteinen, Perlen oder Körnern gefüllte Gefäße.

AUSSENSEITER
Bei dieser nigerianischen Rassel ist ein Perlennetz über einen hohlen Kürbis gezogen.

KOPFSCHÜTTELN
Diese grausige Holzrassel in Form eines Menschenschädels kommt aus Nordamerika.

RASSEL AM STIEL
Mit Steinen gefüllte Fruchtschalen auf einen langen Stab gesteckt bilden diese südafrikanische Rassel.

TREIBENDE KRAFT
Die indische *Tabla* ist eine von zwei Trommeln, die den treibenden Rhythmus zur Musik der *Sitar* und *Tambura* (S.40-41) liefern. Der Tablaspieler schlägt mit einer Hand das Fell in der Mitte an, mit dem Handballen der anderen Hand drückt er auf den Rand des Fells, um die Tonhöhe zu verändern.

KLINGENDE ÖLFÄSSER
Aus alten Ölfässern stellt man auf Trinidat *Steeldrums* (Faßtrommeln) her. Man schlägt auf den nach innen gewölbten Deckel eines Fasses mit verschiedenen Klangfeldern für unterschiedliche Tonhöhen. Hier sieht man eine *Steelband*.

Die *Nungru* wurde mit einem lederbezogenen Schlegel, dem *Kapchen*, gespielt.

MAGISCHE SCHELLEN
Diese ungewöhnliche Trommel (hier von unten) heißt *Nungu* und kommt aus Sibirien. Die Metallteile an dem Stab, die *Kungru*, klingeln wie bei einem Tamburin. Die *Nungu* wurde von einem Schamanen gespielt, einem Priester, dessen magische Kraft von der Anzahl der *Kungru* abhing. Die roten Ornamente auf dem Trommelfell sollen Ober- und Unterwelt repräsentieren. Trommeln, deren Fell wie hier über einen Holzrahmen gespannt ist, nennt man Rahmentrommeln.

Metallschelle

Schlagfertig

Es ist aufregend, einen Rock- oder Jazzschlagzeuger in voller Aktion auf der Bühne zu beobachten. Seine Hände und Füße sind unaufhörlich in Bewegung, er treibt die Band mit seiner rhythmischen Energie an. Dabei sitzt er an einem *Drum Set* (kombiniertes Schlagzeug), das aus einer Reihe von Trommeln und Becken besteht. Zur abgebildeten Grundausstattung können noch zusätzliche Instrumente kommen, manche Drum Sets haben zwei große Trommeln, eine für jeden Fuß. Schlagzeugspielen erfordert nicht nur Kraft, sondern auch Koordinationsfähigkeit, weil verschiedene Instrumente gleichzeitig gespielt werden müssen. Ein Schlagzeuger spielt oft mit einem Fuß das *Hi-Hat,* mit einer Hand das Becken, mit der anderen Hand die kleine Trommel und mit dem anderen Fuß die große Trommel – und all das in unterschiedlichen Rhythmen!

Das Becken ist so aufgehängt, daß es frei schwingen kann.

HI-HAT
Das *Hi-Hat* ist ein auf einen Ständer montiertes Beckenpaar. Durch Treten des Pedals schlagen Becken zusammen und erzeugen ein kurzes, zischendes Geräusch. Der Schlagzeuger kann mit seinen Stöcken auf das obere Becken schlagen und den Klang dann durch Treten des Pedals abstoppen.

Oberes Becken

Unteres Becken

CRASH BECKEN
Das *Crash* Becken erzeugt, wie sein Name andeutet, ein anhaltendes, krachendes Geräusch; man benutzt es für Effektschläge. Es wird an einem verstellbaren Ständer aufgehängt.

Flügelschraube zur Höhenverstellung

Spannschlüssel

Kleine Trommel
Über das Resonanzfell (im Bild nicht zu sehen) dieser *Snare Drum* werden Metallsaiten, der Schnarrteppich, gespannt. Beim Spielen schlagen die Saiten gegen das Resonanzfell und ergeben ein scharfes, schnarrendes Geräusch. Mit einem Hebel kann man den Schnarrteppich vom Fell abheben.

Abhebevorrichtung

JAZZSCHLAGZEUG
Buddy Rich sitzt gekrümmt inmitten seines Schlagzeugs und treibt seine Band mit kolossaler Energie an. Rich begann bereits im Alter von 18 Monaten mit dem Schlagzeugspielen; als ''Baby Traps'' trat er in der Bühnenshow seiner Eltern auf. Sein ganzes Leben lang blieb er Schlagzeuger und leitete in den letzten 20 Jahren eine eigene Bigband.

Pedal

IN VOLLER AKTION
Mit Hilfe eines Elektronenblitzgeräts wurden die Schläge dieses Schlagzeugers "eingefroren", als er gerade einen Wirbel auf den vier *Tom-Toms* spielte. Man sieht, wie gleichmäßig der Bewegungsablauf ist.

Ein verstellbarer Dämpfer dämpft den Nachhall ab.

ZWEI TOM-TOMS
Zwei kleine *Tom-Toms* oder "Toms" werden an einer Halterung auf der großen Trommel befestigt. Sie ergeben einen hohen und weichen Klang. Sie haben nur ein Schlagfell, das man abdämpfen kann.

STAND-TOM
Das große *Tom-Tom* klingt tief und nachhallend. Der Schlagzeuger spielt die *Tom-Toms* mit Filzschlegeln oder mit den Händen.

RHYTHMUSBECKEN
Auf dem *Ride* Becken wird mit dem Stock ein durchgehender Rhythmus geschlagen.

Schlegel

Trommelstock

Besen (Draht- oder Kunststoffächer)

SCHLEGEL UND BESEN
Schlagzeuger benutzen hauptsächlich Stöcke, Schlegel oder Besen, um auf Trommeln und Becken zu spielen. Stöcke und Schlegel sind ziemlich laut, die Besen sind wesentlich leiser.

GROSSE TROMMEL (BASS DRUM)
Die Große Trommel liegt auf der Seite und wird mit einer Fußmaschine mit filzüberzogenen Schläger gespielt. Sie erzeugt einen kurzen, tiefen, dumpfen Schlag.

Fußmaschine für die große Trommel

Ein Gummifuß sorgt für den nötigen Halt.

Glockenklare Klänge

Viele Perkussionsinstrumente erzeugen Klänge bestimmter Tonhöhe. Schlägt man Glocken unterschiedlicher Größe oder Stäbe aus Holz oder Metall an, kann man ganze Tonleitern spielen. Glockentürme und Turmglockenspiele, die größten Musikinstrumente überhaupt, sind weithin hörbar. Ein paar Stäbe, über einen Rahmen oder über die Beine des Spielers gelegt, sind bescheidenere Instrumente, doch erzeugen auch sie oft glockenklare Klänge und eine gleichermaßen melodische und rhythmische Musik.

DOPPELTON
Diese Doppelglocke aus Westafrika besteht aus Metall und ist mit Stoff überzogen. Die Glocken erzeugen zwei unterschiedliche Töne, wenn sie mit dem Holzschlegel angeschlagen werden.

Holzschlegel

CHINESISCHE GLOCKEN
Schon in der Steinzeit wurden Glocken aus Steintafeln gefertigt. Diese *Po-Chung* aus China ist Teil eines Glockenspiels, dessen Glocken in einem Rahmen aufgehängt sind und mit einem Stab geschlagen werden. Die Glocken dienten einst als Fruchtbarkeitssymbole bei religiösen Zeremonien. Den vier Jahreszeiten waren verschiedene Töne zugeordnet.

Kette zum Aufhängen
Die Zapfen stellen Brustwarzen dar.
Am Ledergriff wird die Glocke gehalten.

Gongspiel aus Birma

BUCKELGONG
Im Gegensatz zur Glocke, die am besten vibriert, wenn sie am Rand angeschlagen wird, hängt man den Gong am Rand auf und schlägt ihn in der Mitte an. Von dort breiten sich die Schwingungen zu den Rändern des Gongs aus. Ein Gongschlag dient oft als Signal, er ruft zu Tisch oder leitet in der Orchestermusik eine unheilvolle Stimmung ein. Gongs kommen aus Südostasien, dieses kunstvolle Exemplar stammt von Borneo. Oft werden mehrere Gongs zusammen gespielt wie in den Gongspielen aus Thailand und Birma.

Band zum Aufhängen
Schlegel mit Filzkopf
Der mittlere Buckel wird angeschlagen.

Schlegel

Handglocken
Handglocken sind seit dem 12. Jahrhundert bekannt. Diese beiden gehören zu einer Serie von Handglocken, die auf die Töne einer Tonleiter gestimmt sind. In den Glocken befindet sich ein Schlegel, der hin und her schwingt, die Glocke anschlägt und sie so zum Klingen bringt.

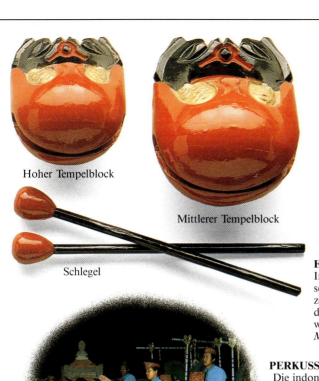

Hoher Tempelblock

Mittlerer Tempelblock

Tiefer Tempelblock

Schlegel

Geschnitzte Fische

EIN ENDLOSES GEBET
In ihrem Ursprungsland China heißen diese Instrumente *Mu-yü*. Das bedeutet hölzerne Fische. Die Fischornamente machen die *Mu-yü* zu Symbolen des ewigen Gebets, weil Fische niemals zu schlafen scheinen. *Mu-yüs* heißen auch "Tempelblöcke".

PERKUSSIONSORCHESTER
Die indonesischen *Gamelans* sind Orchester, die vor allem aus Schlaginstrumenten bestehen, von denen jedes eine große Spielfertigkeit verlangt. Im *Gamelan* gibt es ganze Sätze von Gongs und Metallophone, die aussehen wie Xylophone, jedoch anstelle der Holzstäbe Klangstäbe aus Bronze auf einem Metallrahmen besitzen.

AFRIKANISCHE AHNEN
Viele Musikinstrumente Lateinamerikas haben ihren Ursprung in Afrika wie dieses Lamellophon oder *Sansa*. Man spielt es durch Zupfen der Metallzungen mit dem Daumen. Die unterschiedlich langen Zungen erzeugen unterschiedliche Töne. Bootsförmiger Korpus und geschnitzter Kopf sind typisch westafrikanisch, aber dieses Instrument kommt vom oberen Amazonas.

Hölzerner Stab an Schnüren wird mit einem Stock angeschlagen

Kürbisresonator verstärkt den Klang

Westafrikanische Xylophonspieler mit Instrument an einem Band um den Nacken

Der Gong besteht aus kunstvoll verarbeiteter Bronze.

JAGDSIGNAL
Das *Ilimba* aus Zimbabwe wird bei der Jagd gespielt, wenn ein Tier erlegt wurde. Obwohl es eigentlich nicht zum Musizieren dient, zeigt es doch, wie das Xylophon (rechts) oder andere gestimmte Schlaginstrumente wie etwa das Vibraphon funktionieren. Ein hölzerner Klangstab wird mit Schnüren über einem Hohlkörper oder einer Röhre befestigt. Schlägt man die Klangstäbe an, schwingen sie, der Hohlkörper oder die Röhre verstärken den Klang.

HOLZKLANG
Beim abgebildeten "Xylophon" (griechisch für "Holzklang") aus Sierra Leone in Westafrika befinden sich unter den Klangstäben aus Holz Kürbisresonatoren mit kleinen Löchern, über die Membranen aus Kokonseide einer Spinne geklebt wurden. Die Membranen erzeugen ein zusätzliches summendes Geräusch.

Musik und Geräusch

Geräusche spielen in so mancher Musik eine wichtige Rolle. Beim Volkstanz zum Beispiel klatschen die Tänzer oft rhythmisch in die Hände. Es gibt aber auch eine Menge Perkussionsinstrumente, welche die verschiedensten Geräusche produzieren. Sie sind vor allem aus der lateinamerikanischen Musik bekannt. Ihr Rasseln und Klappern überlagert sich oftmals zu energiegeladenen Tanzrhythmen. Man kann aber auch ganz bestimmte Stimmungen erzeugen. Das leise Schlagen einer Trommel kann bedrohlich wirken, während ein Trommelwirbel eine sehr dramatische Wirkung hat.

Zahnrad
Zungen

GEWEHRSCHÜSSE
Durch Drehen an der Kurbel der Ratsche erzeugen Zahnrad und hölzerne Zungen ein lautes Klappern. Beethoven ahmte mit der Ratsche die Gewehrschüsse in *Wellingtons Sieg* nach.

Metallkügelchen

METALLRASSEL
Die *Cabaca* ist eine südamerikanische Rassel, die mit einer Metallkette umwickelt ist.

MIT PFIFF
Mit den kurzen und schrillen Tönen solcher Pfeifen hebt der Schlagzeuger bestimmte Rhythmen hervor, während er mit den Händen andere Instrumente spielt. Mit Pfeifen erzeugt man auch Klangeffekte. So klingt die dreitönige Pfeife (rechts) z.B. wie ein Zugsignal.

Polizeipfeife
Zugpfeife

RASSEL
Diese südamerikanischen Rasseln nennt man *Maracas*. Sie bestehen aus getrockneten Kürbissen (Kalebassen) mit rasselnden Samenkörnern oder aus Holz, mit kleinen Kügelchen gefüllt. *Maracas* schüttelt man meistens mit beiden Händen.

Samenkörner

SCHÜTTELROHR
Der Shaker besteht aus einem Metallrohr, das wie die *Maracas* mit kleinen Kügelchen gefüllt ist. Wie sie wird er rhythmisch geschüttelt. Es gibt kleine Shaker, die man in einer Hand hält, während man ein anderes Instrument spielt.

Einer der Stäbe wird in der Hand festgehalten. Dabei wirkt die hohle Hand als Resonanzraum.

KUBANISCHE HÖLZER
Diese kurzen Holzstäbe heißen *Claves* und kommen aus Kuba. Sie werden gegeneinander geschlagen und erzeugen ein prägnantes Klacken. Obwohl dies einfach klingen mag, ist es schwierig, komplizierte Rhythmen damit zu spielen.

Im Rahmenschlitz angebrachtes Schellenpaar

SCHELLENTROMMEL
Das Tamburin ist eine flache Trommel mit Schellen am Rahmen. Mit Bändern geschmückt, wird es oft von Tänzern benutzt, die es mit den Händen spielen oder gegen den Körper schlagen. Reibt man den Rand des Tamburins mit dem angefeuchteten Daumen, kann man einen Wirbel erzeugen. Strawinsky schreibt in seinem Ballett "Petruschka" dem Schlagzeuger vor, das Tamburin auf den Boden zu werfen.

Durch Schlagen auf die obere Schale erklingen Kastagnetten.

HOLZKLAPPERN
Kastagnetten werden in den Händen gehalten. Orchestermusiker benutzen manchmal eine Haltevorrichtung (oben).

Die Kastagnetten werden mit einer Schnur zusammengehalten.

Flamencotänzerin mit Kastagnetten

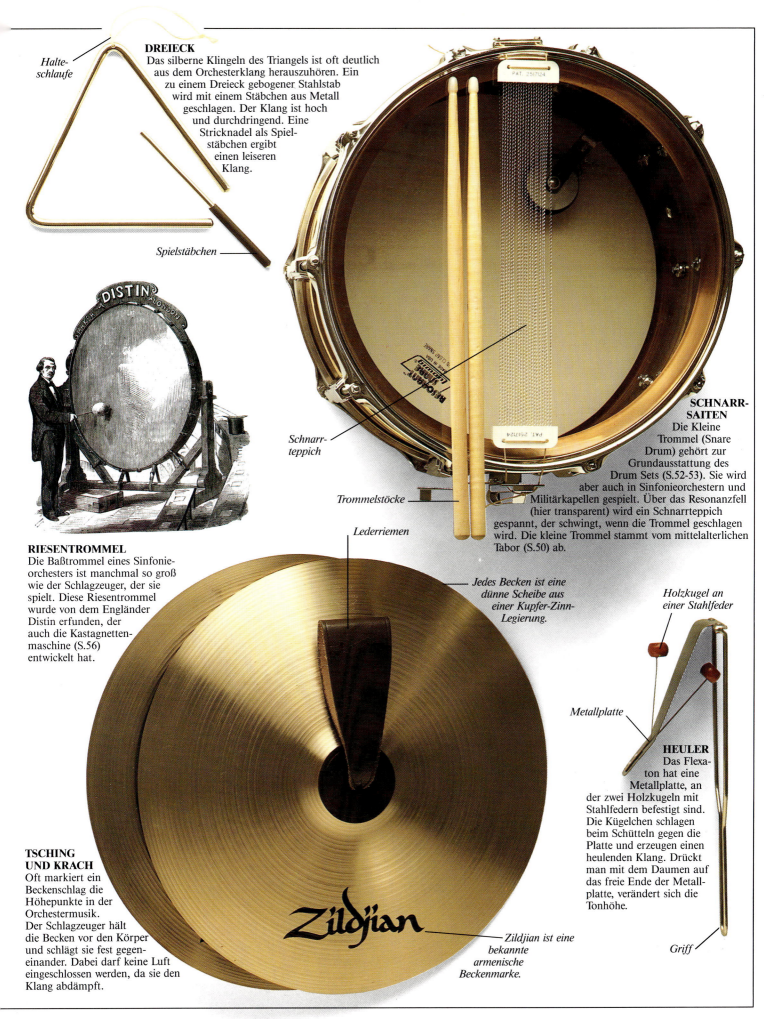

DREIECK
Das silberne Klingeln des Triangels ist oft deutlich aus dem Orchesterklang herauszuhören. Ein zu einem Dreieck gebogener Stahlstab wird mit einem Stäbchen aus Metall geschlagen. Der Klang ist hoch und durchdringend. Eine Stricknadel als Spielstäbchen ergibt einen leiseren Klang.

Halteschlaufe
Spielstäbchen

SCHNARRSAITEN
Die Kleine Trommel (Snare Drum) gehört zur Grundausstattung des Drum Sets (S.52-53). Sie wird aber auch in Sinfonieorchestern und Militärkapellen gespielt. Über das Resonanzfell (hier transparent) wird ein Schnarrteppich gespannt, der schwingt, wenn die Trommel geschlagen wird. Die kleine Trommel stammt vom mittelalterlichen Tabor (S.50) ab.

Schnarrteppich
Trommelstöcke

RIESENTROMMEL
Die Baßtrommel eines Sinfonieorchesters ist manchmal so groß wie der Schlagzeuger, der sie spielt. Diese Riesentrommel wurde von dem Engländer Distin erfunden, der auch die Kastagnettenmaschine (S.56) entwickelt hat.

Lederriemen
Jedes Becken ist eine dünne Scheibe aus einer Kupfer-Zinn-Legierung.

TSCHING UND KRACH
Oft markiert ein Beckenschlag die Höhepunkte in der Orchestermusik. Der Schlagzeuger hält die Becken vor den Körper und schlägt sie fest gegeneinander. Dabei darf keine Luft eingeschlossen werden, da sie den Klang abdämpft.

Zildjian ist eine bekannte armenische Beckenmarke.

Holzkugel an einer Stahlfeder
Metallplatte

HEULER
Das Flexaton hat eine Metallplatte, an der zwei Holzkugeln mit Stahlfedern befestigt sind. Die Kügelchen schlagen beim Schütteln gegen die Platte und erzeugen einen heulenden Klang. Drückt man mit dem Daumen auf das freie Ende der Metallplatte, verändert sich die Tonhöhe.

Griff

Elektrisierende Musik

Mit dem Aufkommen des Radios zu Beginn unseres Jahrhunderts spielte die Elektrizität zum ersten Mal eine Rolle in der Musik. Um Musik elektrisch zu verstärken, müssen drei Elemente kombiniert werden: ein Mikrophon oder ein Tonabnehmer wandeln die Schallwellen in elektrische Signale um; mit einem Verstärker werden sie verstärkt und schließlich zu einem Lautsprecher geleitet, der die elektrischen Impulse in Schallwellen zurückverwandelt. Mit diesem System können die leisesten Klänge verstärkt werden. Die elektrifizierten Klänge haben einen ganz eigenen Charakter. Die Elektrogitarre wurde entwickelt, um das Problem der begrenzten Lautstärke der akustischen Gitarre zu überwinden; sie dominiert heute in der Popmusik.

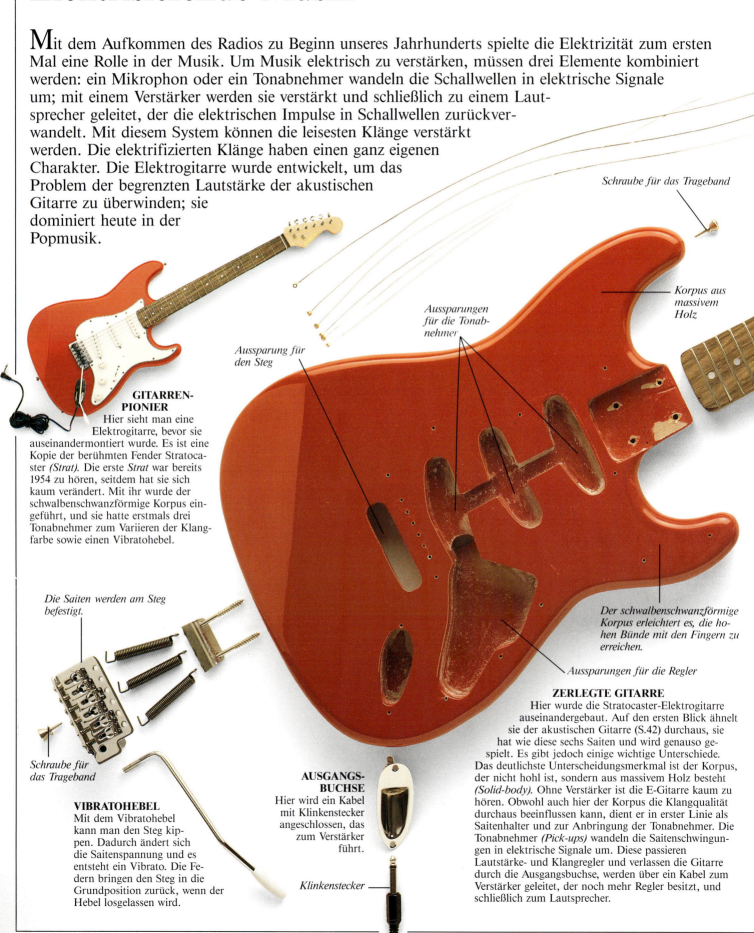

GITARREN-PIONIER
Hier sieht man eine Elektrogitarre, bevor sie auseinandermontiert wurde. Es ist eine Kopie der berühmten Fender Stratocaster *(Strat)*. Die erste *Strat* war bereits 1954 zu hören, seitdem hat sie sich kaum verändert. Mit ihr wurde der schwalbenschwanzförmige Korpus eingeführt, und sie hatte erstmals drei Tonabnehmer zum Variieren der Klangfarbe sowie einen Vibratohebel.

Die Saiten werden am Steg befestigt.

Schraube für das Trageband

VIBRATOHEBEL
Mit dem Vibratohebel kann man den Steg kippen. Dadurch ändert sich die Saitenspannung und es entsteht ein Vibrato. Die Federn bringen den Steg in die Grundposition zurück, wenn der Hebel losgelassen wird.

AUSGANGS-BUCHSE
Hier wird ein Kabel mit Klinkenstecker angeschlossen, das zum Verstärker führt.

Klinkenstecker

Aussparung für den Steg

Aussparungen für die Tonabnehmer

Schraube für das Trageband

Korpus aus massivem Holz

Der schwalbenschwanzförmige Korpus erleichtert es, die hohen Bünde mit den Fingern zu erreichen.

Aussparungen für die Regler

ZERLEGTE GITARRE
Hier wurde die Stratocaster-Elektrogitarre auseinandergebaut. Auf den ersten Blick ähnelt sie der akustischen Gitarre (S.42) durchaus, sie hat wie diese sechs Saiten und wird genauso gespielt. Es gibt jedoch einige wichtige Unterschiede. Das deutlichste Unterscheidungsmerkmal ist der Korpus, der nicht hohl ist, sondern aus massivem Holz besteht *(Solid-body)*. Ohne Verstärker ist die E-Gitarre kaum zu hören. Obwohl auch hier der Korpus die Klangqualität durchaus beeinflussen kann, dient er in erster Linie als Saitenhalter und zur Anbringung der Tonabnehmer. Die Tonabnehmer *(Pick-ups)* wandeln die Saitenschwingungen in elektrische Signale um. Diese passieren Lautstärke- und Klangregler und verlassen die Gitarre durch die Ausgangsbuchse, werden über ein Kabel zum Verstärker geleitet, der noch mehr Regler besitzt, und schließlich zum Lautsprecher.

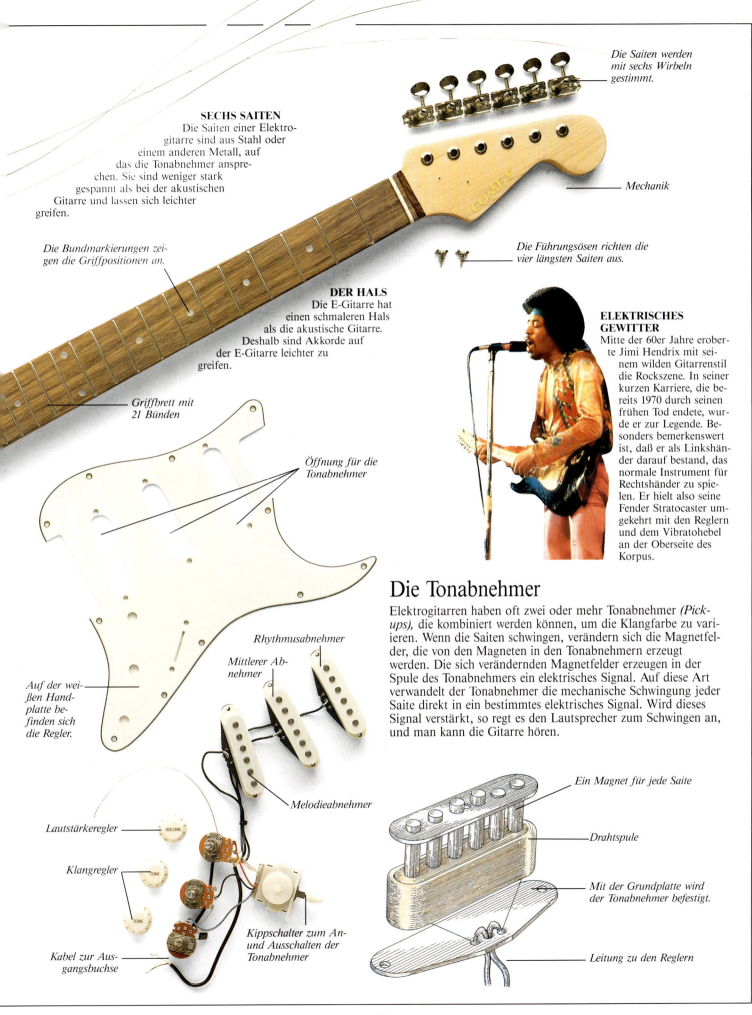

Die Saiten werden mit sechs Wirbeln gestimmt.

SECHS SAITEN
Die Saiten einer Elektrogitarre sind aus Stahl oder einem anderen Metall, auf das die Tonabnehmer ansprechen. Sie sind weniger stark gespannt als bei der akustischen Gitarre und lassen sich leichter greifen.

Mechanik

Die Bundmarkierungen zeigen die Griffpositionen an.

Die Führungsösen richten die vier längsten Saiten aus.

DER HALS
Die E-Gitarre hat einen schmaleren Hals als die akustische Gitarre. Deshalb sind Akkorde auf der E-Gitarre leichter zu greifen.

ELEKTRISCHES GEWITTER
Mitte der 60er Jahre eroberte Jimi Hendrix mit seinem wilden Gitarrenstil die Rockszene. In seiner kurzen Karriere, die bereits 1970 durch seinen frühen Tod endete, wurde er zur Legende. Besonders bemerkenswert ist, daß er als Linkshänder darauf bestand, das normale Instrument für Rechtshänder zu spielen. Er hielt also seine Fender Stratocaster umgekehrt mit den Reglern und dem Vibratohebel an der Oberseite des Korpus.

Griffbrett mit 21 Bünden

Öffnung für die Tonabnehmer

Die Tonabnehmer

Elektrogitarren haben oft zwei oder mehr Tonabnehmer *(Pickups)*, die kombiniert werden können, um die Klangfarbe zu variieren. Wenn die Saiten schwingen, verändern sich die Magnetfelder, die von den Magneten in den Tonabnehmern erzeugt werden. Die sich verändernden Magnetfelder erzeugen in der Spule des Tonabnehmers ein elektrisches Signal. Auf diese Art verwandelt der Tonabnehmer die mechanische Schwingung jeder Saite direkt in ein bestimmtes elektrisches Signal. Wird dieses Signal verstärkt, so regt es den Lautsprecher zum Schwingen an, und man kann die Gitarre hören.

Auf der weißen Handplatte befinden sich die Regler.

Rhythmusabnehmer
Mittlerer Abnehmer
Melodieabnehmer

Ein Magnet für jede Saite

Drahtspule

Mit der Grundplatte wird der Tonabnehmer befestigt.

Lautstärkeregler

Klangregler

Kabel zur Ausgangsbuchse

Kippschalter zum An- und Ausschalten der Tonabnehmer

Leitung zu den Reglern

59

Rockgitarren

Der Sound der Rockmusik wird von der E-Gitarre bestimmt. In den meisten Bands gibt es zwei, oft drei Gitarren. Die *Lead Guitar* (führende Gitarre) spielt die Solos, die Rhythmusgitarre begleitet den Lead-Gitarristen und den Sänger (oftmals ein und derselbe Musiker) mit Rockrhythmen, die Baßgitarre treibt die Musik mit energiegeladenen Baßläufen an. Zusammen mit dem Schlagzeug (S.52-53) ist dies die Besetzung der verschiedensten Stilrichtungen der Rockmusik. Der massive Korpus der Elektrogitarre dient nicht als Resonanzraum und kann jede beliebige Form haben. Es gibt Rockgitarren in allen möglichen bizarren Formen und Farben, aber die meisten Stars nehmen die Musik wichtiger als das Aussehen und ziehen Standardformen vor.

V-FORM
Dieses berühmte Modell stammt von 1958, als es von der Firma Gibson herausgebracht wurde, um das schlecht gehende Geschäft zu beleben. Der futuristische Korpus war erfolgreich, obwohl er unbequem zu halten ist. Das abgebildete Instrument ist eine original Flying V von 1958. Die Gitarre ist heute ein Sammlerstück. Die Firma Gibson führte 1935 die erste Elektrogitarre ein. Es war im Grunde eine Spanische Gitarre mit Tonabnehmer. 1957 brachte Gibson den *Humbucker-Pick-up* (Tonabnehmer mit Brummunterdrückung) heraus, der mit zwei Spulen ausgerüstet war.

Zwei Humbucker-Pick-ups ergeben den charakteristischen Gibson-Sound.

Massiver Holzkorpus in V-Form

Ausgangsbuchse

Bigsby Vibratohebel

BEATLES-WAHN
Die Beatles waren die erfolgreichste Rockgruppe der 60er Jahre. Sie spielten in der klassischen Rockbesetzung mit zwei E-Gitarren (John Lennon, Rhythmusgitarre und George Harrison, Lead-Guitar, oben), E-Baß (Paul McCartney) und Schlagzeug (Ringo Starr).

HALBAKUSTIK
Nicht alle E-Gitarren haben einen massiven Korpus. Es gibt halbakustische Instrumente mit einem hohlen Korpus und f-förmigen Schallöchern wie bei der Geige (S.30). Diese Gretsch 6120 ist eine halbakustische Gitarre von 1957. Auf der Handplatte steht der Name des Countrystars Chet Atkins. Die Gitarre hat einen Bigsby Vibratohebel, ein anderes Modell als das Fender Vibrato der Stratocaster (S. 58).

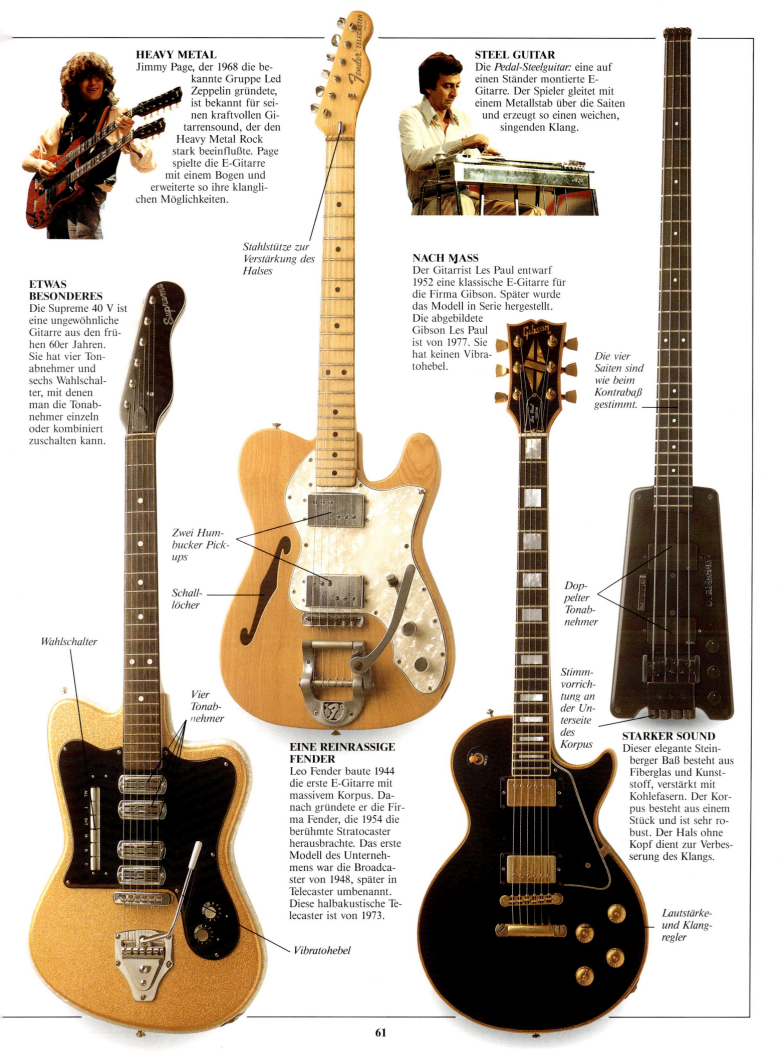

Computermusik

Die Musik der Zukunft besteht möglicherweise vor allem aus von Maschinen gemachten Klängen. Synthesizer und andere elektronische Instrumente erzeugen keine eigenen Klänge, sie produzieren elektrische Signale und senden diese über ein Kabel zu Verstärker und Lautsprecher, wie eine E-Gitarre (S.58-59). Sie können die verschiedensten elektrischen Signale und somit eine Vielzahl von Klangfarben erzeugen. Sie können andere Instrumente imitieren oder ganz neuartige Klänge zaubern. Der Computer ist in der elektronischen Musik sehr wichtig, er kontrolliert die verschiedenen Apparate und komponiert sogar ihre Musik.

Unter der Schlagfläche des Drum Pads: elektronische Bauteile

EIN-MANN-ORCHESTER
In der Popmusik spielen elektronische Sounds eine große Rolle. Der französische Musiker Jean-Michel Jarre baute als einer der ersten ein elektronisches Orchester auf, in dem er alle Musik alleine spielte. Heute ist dies mit Hilfe des Computers leicht möglich.

SCHLAGZEUGSYNTHESIZER
Schlagzeuger können mit einem Set elektronischer *Drum Pads* (Schlagpolster) elektronische Musik machen. Schlägt man das Pad mit dem Trommelstock, erzeugt es ein elektrisches Signal, es entsteht ein künstlicher Schlagzeugsound.

Normale Trommelstöcke

UNTER KONTROLLE
Neben vielen anderen Verwendungsmöglichkeiten, kann ein normaler Personalcomputer an elektronische Musikinstrumente angeschlossen werden. Disketten mit Musik-Software ermöglichen es dem Computer, Musik zu speichern, zu verarbeiten und Klänge zu produzieren. Er kann zu einem Aufnahmestudio werden, kann falsche Töne korrigieren und sogar komponieren.

Software zur Speicherung von 60 verschiedenen Sounds

Mit spezieller Software kann der Computer komponieren.

ELEKTRONISCHES KEYBORD
Dieser Synthesizer wird wie Klavier oder Orgel gespielt. Mit Hilfe der Regler oberhalb der Tastatur kann man gewohnte oder ungewohnte Klangfarben einstellen. Ein Display zeigt den gewählten Sound an. Nicht alle Synthesizer haben eine Klaviertastatur (Keybord). Es gibt auch Synthesizer, die wie eine Gitarre gespielt werden.

Standardtastatur *Zifferntasten*

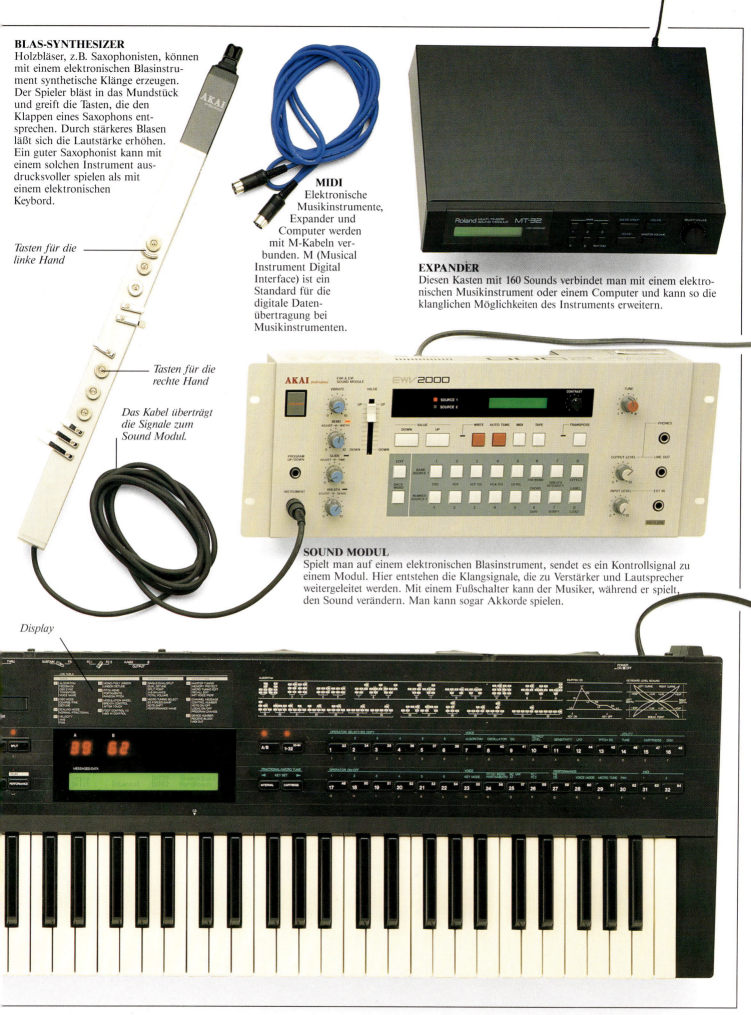

BLAS-SYNTHESIZER
Holzbläser, z.B. Saxophonisten, können mit einem elektronischen Blasinstrument synthetische Klänge erzeugen. Der Spieler bläst in das Mundstück und greift die Tasten, die den Klappen eines Saxophons entsprechen. Durch stärkeres Blasen läßt sich die Lautstärke erhöhen. Ein guter Saxophonist kann mit einem solchen Instrument ausdrucksvoller spielen als mit einem elektronischen Keybord.

Tasten für die linke Hand

Tasten für die rechte Hand

Das Kabel überträgt die Signale zum Sound Modul.

MIDI
Elektronische Musikinstrumente, Expander und Computer werden mit M-Kabeln verbunden. M (Musical Instrument Digital Interface) ist ein Standard für die digitale Datenübertragung bei Musikinstrumenten.

EXPANDER
Diesen Kasten mit 160 Sounds verbindet man mit einem elektronischen Musikinstrument oder einem Computer und kann so die klanglichen Möglichkeiten des Instruments erweitern.

SOUND MODUL
Spielt man auf einem elektronischen Blasinstrument, sendet es ein Kontrollsignal zu einem Modul. Hier entstehen die Klangsignale, die zu Verstärker und Lautsprecher weitergeleitet werden. Mit einem Fußschalter kann der Musiker, während er spielt, den Sound verändern. Man kann sogar Akkorde spielen.

Display

Register

A, B

Akkordeon 17
Alphorn 21
Armstrong, Louis 23
Atkins, Chet 60
Bachi 37
Balalaika 37
Bandura 39
Beatles 60
Bechet, Sidney 15
Becken 6, 48, 49, 52, 53
Beethoven 56
Besen 53
Bigband 14, 52
Bin 40
Biniou 16
Boehm, Theobald 11
Bogen 28, 30, 31
Bombarde 16
Bordunsaiten 40
Brass Bands 24
Bratsche (Viola) 30
Bund 43
Busuki 37

C, D

Cello 26, 27, 31
Cembalo 44
Charango 36
Chin 38
Chung 54
Clarino 12
Claves 56
Colascione 36
Computerbilder 48
Computermusik 62

Cornu 20
Count Basie Band 14
Cristofori, Bartolommeo 45
Dämpfer 23, 45, 53
Darabukka 50
Didjeridu 20
Dilruba 41
Doppelflöte 10
Dornfidel 28
Drum Pads 62
Dudelsack 16

E, F, G

E-Gitarre 58, 59
Elektronische Musik 58-63
Englischhorn 13
Expander 62
Fagott 9, 12, 13
Fender Stratocaster 61
Fidel 28
Flageolett 10
Flamenco 56
Flexaton 57
Floßzither 38
Flügel 46
Flying V 60
Frequenz 6
Frosch 31, 33
Gambe (Viole) 28, 29
Gamelan 55
Geige (Violine) 6, 30, 32, 33
Geigenbau 30, 32, 33
Gitarre 42, 43
Gitarrenbau 42, 43
Glocken 54
Gong 6, 54
Grifflöcher 8, 9, 10, 11

Gürteltier 36

H, I, J, K

Harfe 35
Hendrix, Jimi 59
Hi-Hat 53
Hoffmann, Johann Christian 36
Horn 9, 20, 21, 24, 25
Hornfidel 29
Ilimba 55
Inventionshorn 21
Jagdhorn 20, 21
Jarre, Jean-Michel 62
Jazz 15, 22
Kabuki-Theater 37
Kalungu 50
Kapchen 51
Kastagnetten 56
Keyboard 45, 62
Kinnhalter 33
Klappen 11, 13, 14, 15, 20
Klappentrompete 20
Klarinette 9, 12, 13
Klöppel 38
Kontrabaß 31
Kornett 9, 22
Korpus 32
Koto 38
Kungru 51

L, M, N

Laute 36, 37
Leier 34
Lippenpfeifen 18
Liszt, Franz 46
Littleton, Humphrey 22
Luftsäule 8, 9
Lung-ti 11

Maracas 56
Mayuri 41
Militärkapellen 15, 24, 25
Morin-chur 28
Mu-yü 55
Mundharmonika 17
Mundorgel 17
Mundstücke 9
Nasenflöte 11
Nefir 21
Nungu 51
Nzeze 39

O, P, Q, R

Oboe 9, 13
Orgel 18, 19
Orpheus 34
Paganini, Nicolo 30
Page, Jimmy 61
Panflöte 10
Pedal-Steelguitar 61
Pfeifen 10, 18, 19, 56
Pianoforte (Klavier) 44, 45, 46, 47
Pick-ups 59
Pikkoloflöte 11
Pochette 29
Portativ 18
Posthorn 20
Prospektpfeifen 18
Qanun 39
Querflöten 9, 11
Rajao 37
Rasseln 51
Rattenfänger von Hameln 10
Rebec 28
Rechmires 35
Register 19
Resonanz 27, 39, 40, 46, 47

Rick, Buddy 52
Rohrblätter 9, 12, 13

S

Saiten 24, 27-47, 58, 59
Saiteninstrumente 6, 26-27, 58, 59
Samisen 37
San-hsien 37
Sansa 55
Sarangi 41
Saung-gauk 35
Sax, Adolphe 14
Saxhorn 15
Saxophon 9, 14, 15
Schallöcher 26, 29
Schallwellen 6, 7
Scheng 17
Schlaginstrumente 48-57
Schlagzeug 52, 53
Schlangenbeschwörer 13
Schlegel 53, 54, 55
Schnecke 29, 33
Schwingungen 6, 8, 9, 29, 39, 41
Serpent 21
Shakuhachi 10
Sitar 41
Sitwell, Sacheverell 13
Snare Drum 52, 57
Soundmodul 62
Sousa, John Philip 25
Sousaphon 25
Spinett 44
Standarte von Ur 34
Steeldrums 51
Steg 27, 33, 38, 39, 43
Stimmgabel 6
Stradivari 30
Streichinstrumente 28-33

Supreme 40 V 61
Synthesizer 62

T, U

T'ao-ku 50
Ta'us 41
Tabor 50
Tambura 41
Tamburin 56
Taschengeige 29
Tempelblock 55
Tiktiri 13
Tom-Tom 53
Tonhöhe 8, 9, 27, 30
Triangel 57
Trommeln 50, 51, 53
Trompete 9, 22, 23
Tsuzumi 50
Tuba 9, 25
Ud 36

V - Z

Valiha 39
Ventile 23
Viola d'amore 28
Virginal 44
Waldhorn 9, 24
Wellenberg 7
Wellental 7
Wha-Wha-Effekt 23
Wina 40
Windkammer 17
Wirbel 28, 31, 33, 37, 38, 41
Xylophon 55
Yang-chin 38
Zargen 33
Zither 38, 39
Zungenpfeifen 19

Bildnachweis

o = oben, u = unten, m = Mitte,
l = links, r = rechts

J. Allan Cash Ltd.: 19o, 24m, 50r, 51l, 56u
E. T. Archives: 80l
Barnaby's Picture Library: 13ur, 17or
Bridgeman Art Library: 12ol, 16u, 21lm,

26u, 29r, 30m, 35or, 36or 38o, 40m, 50u
Douglas Dickens: 55m
Mary Evans Picture Library: 6r, 10ol, 11or, 11m, 15or, 18m, 20or, 22ol, 24u, 26o, 29o, 34or, 36ol, 37u, 38l, 46m, 50ol & m, 54ol, 54m, 57m
Fine Art Photographic Library Ltd: 6mr, 22or, 36ul, 42o
John R. Freeman: 29u
Sonia Halliday Photographs: 18o, 36u

Robert Harding Associates: 6ul, 39o, 41o
Michael Holford: 8or, 28ol, 36m, 37m
Hutchinson Library: 42r, 38m
Image Bank: 6or, 53o
London Features International Ltd: 59r, 61ol, 53o
Mansell Collection: 16ol, 17m, 20u, 21rm, 24o, 30l
John Massey Steward: 28mr, 37or
National Gallery: 44l

David Redfern: 23m, 52l, 60m, 61or
Sefton Photo Library: 14m, 13ur, 22l
Thames and Hudson Ltd: 46o
Topexpress: 48ul

Illustrationen: Coral Mula; Will Giles und Sandra Pond

Bildredaktion:
Millie Trowbridge